讓 **自己**

一直都**在**

我的大愛光靈性開啟道路 部曲

大愛祝福心念

我們一同用尊敬感謝信心
發出祝福的心念
祝福我們生命中的每一個人
身體健康心性光明大愛圓滿
再把這個祝福的心念擴大出去
祝福全世界的每一個人
全宇宙的每一個生命
願我們凝聚的大愛
幫助這個可愛的世界越來越美好
讓我們一整體的沐浴在大愛懷抱中

謹以《讓自己一直都在》一書

贈予 ＿＿＿＿＿＿＿＿＿＿＿＿＿＿＿＿

感謝與祝福：

Sign

＿＿＿＿＿＿＿＿＿＿＿＿＿

Date ＿＿＿＿＿＿＿＿＿＿＿＿＿

序言

　　這本文集接續《就是為了跟你相遇》，是我個人部落格上陸續寫下的文字。相隔了十個月，今選輯其中的一百篇短文，集結出版這本文集《讓自己一直都在》，書中以十幕劇的故事段落，來串起我大愛光靈性開啟道路之二部曲。

　　感恩成全上本文集出版的一切因緣，利用預購匯款的方式，來解決我自資出版時的經費負擔。唯這種運作模式，不好意思重覆套用，深怕對團體及支持我的伙伴，造成過多的打擾。因此，這本文集沒有透過團體進行文宣，只在我個人部落格上貼文，也歡迎各位好伙伴繼續鼓勵與疼惜。

　　其實所有的不解與憤怒，所有的批判與指控，都是對自己的不滿。所有抱怨與委屈的感覺，正說明我們還沒有完全接納自己，並沒有跟自己和解，還在為難自己，還在跟自己過不去。因此，要能跟自己和解，對自己滿意，讓每一天都可以過得美好且感動！

　　我們之所以來到這裡，進到這個組織，其實是自己的需要。組織的問題與人際的碰撞，都是在試探我們的初發心。問問自己：我的初發心還在嗎？當初我是怎麼來到這個組織的？為什麼現在這顆初發心不在了呢？讓自己最後還在，讓自己一直都在，是多麼美的一個承諾啊！

書中這百篇文章，有我生命走過的大小發生，有我人生路上的發現與體悟，而這也正是我生命故事的某段。當我重新整理這些文字時，一次次看見對我生命護持的慈悲及恩情。感謝有你，願意陪我一起經歷這些生命的禮物。

　　如果你願意的話，可以把這本文集當成是陪伴，讓我們共同成長並度過難關，向內觀照且找到振作的力量。你更可以將這本文集，當成是一份禮物，送給你想感謝與祝福的人，讓你心中的這份愛，可以真誠永續地傳出去。

　　最後，感謝成全這本書到來的一切，尤其是大愛光老師的教誨，還有各級導師的引領，以及家人、朋友、同修及學生，對我的寬容與護持。感謝你一直的在！我也會讓自己一直都在！大愛光祝福你！

楊政岦

目錄

故事的某段。二部曲。十幕劇

第 **1** 幕

囚鳥歸林
關係歸零

籠主人騰籠換鳥時機，正是「放鳥歸林」時，真要感謝背叛者，他們是生命中的大貴人，辛苦地扮演這麼一個大壞人的角色，來送我們回歸樹林，送我們上路，走上大愛光道路。

風車動 法輪轉

楔子：迎新

今天是 2012 年元旦，送走過往的一年，迎接到來的新年。早上在卓蘭家裡晨煉後，連線恭聽大愛光老師指引，2012開年祝福及講述 2012 主法語。

整天就在農地上除草、修剪與植栽，讓頭腦放空一天，晚上打開電腦進行明天期末考的命題，也用文字寫下今天的感受。

老師指引今年(2012)的主法語是：「和您同心，與爾攜手。」「和您」取自「20」的諧音，「與爾」取自「12」的諧音。

「和您同心」是現代語，意味和您同心走大愛光道路；「與爾攜手」是古代語，意味與爾攜手行老靈魂本願。今年的主法語，就是古道今傳，也是內和外通。

風車與法輪

這兩天發生些事情，內心有種微妙的感覺，或許是轉速過快，讓人有點暈，或許是想都沒想過而放空，故事情節在此不做說明，只是看著這一切自由來去。

望著電腦螢幕發呆，想著這兩天的發生，由一旁的落地窗外望出去，幾個風車就在水池邊草坪燈光映照下轉動著。

看到這些因為風吹而轉動的風車，人就由窗裡往外一直

讓自己一直都在

看著，突然覺得這些風車，不就是一個個的法輪嗎？這些心中法輪一直都在，只是不知平日在生活裡，是否因不同事件的發生而轉動著？

看 心中法輪怎麼動

我心中所理解的法輪：就是當生活裡的人事境來時，面對這些事件，檢視自己當下這顆心的反應，自己因為這個反應而採取的作為，再看看作法所造成的結果。

最後問問自己：這是不是自己想要的結果。如果這個結果不是我們想要的，就要回過頭修正自己的作為，再回去調整當初心念，如此才能讓相同的發生不會再次發生？

每一天我都用這個法輪，來檢視並修正自己的心念與作為，讓已經發生的事，結果可以更好；讓還沒有發生的，可以不用發生。讓法輪在生活中轉動運行，能在關係裡珍惜圓滿，讓自己的生命可以千變萬化。

生活裡的點滴發生，都是可以用來轉動法輪的，這些都是對自己的美好祝福。在元旦這一天，透過大愛光老師的指引，讓每一位生命的心中法輪，可以再一次被啟動，可以生生不息地運行。夜深了，親愛的老靈魂，大愛光祝福你！

筆落 2012 年 1 月 1 日 23:27:46

小男孩與大玩偶

修煉自己 不要求別人

每當同修受傳和氣時，總是會聽到這一句法語：修煉自己，不要求別人。我對這句話特別有感受，常提醒自己不要老是向外尋找，因為一切答案都在自己裡面。

但是要有這樣的了解，需要有光充滿與光圓滿的基礎才行，所以自己還要好好下功夫，提高自己的光含量。

遇到事情時就是向內的時機，向內就是提高光含量；一旦內在的光含量足夠時，外在的人事境問題自然會解決。

這正是所謂的內和外通，內在的身心靈合而為一，外在的人事境自然會通。地球之所以多災多難，乃是人心混亂不和所致。

所有不和的現象，是一個個的課題，更是一個個修煉的著力點。當我們懂得向內做功課時，一切的不和自然會化解，進而感謝這一個個著力點，這也是修煉的切入點，讓我們在修煉上可以更上一層。

捐 隨師辦道弘法

老師曾指引我六個字「隨師辦道弘法」，就是要讓自己成為一個公器，而不再只是待在靈魂遊戲玩的私器。在視窗跟傳導師有一段對話，回頭看這一段話，很有意思。

傳導師：私器捐出來，就好了，捐不捐？政學：捐！留著做什麼？傳導師：這就好。政學：捐出來，還要家屬簽名同意。

私器成公器

往往家屬就是不同意，老靈魂心裡也是急得很。反正，就是把自己捐了，如此私器就成了公器。先向家屬三鞠躬，告退這一場遊戲，讓自己可以做主，不玩了。

除了原有凡業繼續圓滿外，聖業上就是隨師辦道弘法，就是謹遵師訓指令；面對這個課題，我在大愛光道路上想做的其中一件事，就是成為大愛光的一個工具。

工具本身就是公器，要玉成自己成為靈性導師，是該好好覺醒了悟才是。

昨天到今天，一直覺得心有些微微的失落，向內一看是老靈魂在招喚，老靈魂不想一再陷在靈魂遊戲裡，這不好玩，也不想玩了，只想告退。

老靈魂想要好好參悟生活中一個個課題，好好向內做功課，提高自己的光含量，讓身心靈合而為一，外在人事境自然會通，一個個課題自會化成一個個祝福。

大玩偶要告退了

看著孩子，看著身旁的好友，看著過往的一切。當初大伙講好玩著一場場的靈魂遊戲：這些生命配合著我，陪著我一起玩，我也成了這幾個生命的大玩偶。

現在是該把我這個大玩偶——這個私器捐出去的時候了！還留著做什麼？

時候到了，這一切該告退，小男孩不能一直躲著，需要出來承擔自己，承擔別人，承擔道業，就是「隨師辦道弘法」這六個字。

親愛的老靈魂，你還在玩嗎？好玩嗎？要玩到什麼時候？捐了吧！大愛光祝福你！

筆落 2012 年 1 月 2 日 15:12:18

讓自己一直都在

囚鳥歸林

情人 仇人

我們這一生，都在情感、金錢、名利與靈性關係中，我們到底想要的是什麼樣的關係？在情感關係裡，遇到所愛的人，或是愛我們的人，就一定幸福嗎？

當彼此由相遇到相愛，關係由陌生到親密；當愛成了一種牽纏拉扯，成了一種占有操控，結果還甜蜜嗎？還幸福嗎？弄到最後，不就是愛恨情仇交織一生。

有錢 錢奴

在金錢關係裡，缺錢很苦惱，而錢變多時也是擔心啊！想盡辦法賺很多錢，說得白一點，不能說是用賺的，只能說是用換的，用好多東西換來這些金錢。

很有錢了之後，從此就無憂了嗎？搞不好到最後，還要用更多的錢來換回原先失去的東西？下場可能是一輩子成了錢奴，被金錢支配著一生。

上台 下台

在名利關係裡追求功名利祿，得到名利後看起來很有成就，感覺自己的存在很有價值，我們用這些名利來證明自己，告訴周遭的人，自己有多厲害。

一旦退下舞台，繁華落盡時，自己還可以淡然處之？還

可以甘於平凡嗎？這一生不就是在名與利之間打轉，有真正
為自己做到些什麼嗎？

修近 修遠

在靈性關係裡追尋生命成長，這樣子看起來好像很好
啊！卻不知自己是用修煉在麻醉自己，生命的現況離這顆道
心越來越遠。

老是想著：要換到什麼樣的團體，才能真正發揮自己的
才華，卻不肯好好下功夫，好好實修實煉。

原來，這一切的追尋還只是為自己。我們跟隨的，還是
自己的那一套慣性，並沒有真正好好地隨師——緊緊跟隨心
中的明師。

囚鳥歸林 關係歸零

在這些關係裡，我們要的是一個可以獨立的關係，讓自
己可以自由做主，做到：有這些關係很好，沒有這些關係也
可以。

但是，真正的狀態卻是：這一個個的關係，如同一個個
的牢籠，我們就像是被關在這籠裡的鳥，成了名符其實的「囚
鳥」。

我們依戀在籠裡的天地，依附在籠裡的關係，一旦籠主
人想要「騰籠換鳥」時，背叛感、愛恨情仇的拉扯就上演了。

常常就是要花好長的時間才能走出來，才能放下愛恨情
仇，跳脫被人背叛的思維，真正把自己重新帶上路。

籠主人騰籠換鳥時機，正是「放鳥歸林」時，真要感謝背叛者，他們是生命中的大貴人，他們很辛苦地扮演這麼一個大壞人的角色，來送我們回歸樹林，送我們上路，走上大愛光道路。

　　最後，終於讓我明白一切為我而設，因為這樣的安排，我們成為記恩忘怨常感謝的傳光人，不再是籠裡的囚鳥，這隻囚鳥歸林了！

飛出靈性關係　跑出了解對待

　　飛出籠——離開這一段關係時，並沒有為這段關係畫上休止符；分開並不是關係的斷絕，而是帶著感謝、彼此祝福，給彼此更大的空間去跑各自的流程。

　　流程跑完有緣再聚，這種再回頭的關係，不要落入回頭草的思維，而是一種靈性關係的了解與對待。

　　當關係如蜜時，很甜美，但不能當水喝啊！

　　關係之所以可以長長久久，就因為彼此可以甜如蜜，也可以淡如水。

　　感謝今天晨煉，大愛光老師的指引，政學有感而發，用文字寫下感受，也跟各位分享，老師慈悲指引的主題，恰好接上昨天分享的「小男孩與大玩偶」，真的一切為我而設，為我而講。

　　很快地，有一天，我可以提燈引路，接引更多尋光客走上大愛光道路。祝福你有美好的一天，大愛光祝福你！

　　　　　　　　　　　　　筆落 2012 年 1 月 3 日 09:50:27

要有進度

生活的環境＝生命的品質

如果這一生只是活著，只是求生存，那還不夠，要能活得更好，要能活在一個光充滿與光圓滿的生命狀態裡。

我們內在身心靈的狀態，所反映的就是外在人事境的狀態，當內在身心靈可以合而為一，外在人事境自然一切能通。換言之，生活的環境，會反映出生命的品質。

中軸缺損　用不上法

不要只是活著，只是想著生存而已，要能讓自己活得更好，活得光亮。問問自己這一生學了那麼多東西，生命到底改變了多少？

大愛光老師說：同修學了法以後，之所以無法應用在生活裡，就是因為中軸缺損、有破洞，甚至是斷裂。因此，要到慈場建立生命之根，要在生活裡建立中軸。

對我而言，學習那麼多的理法，不就是為了能夠解決生活裡遇到的問題。這是最基本的需求，為自己而學習。再來，就是為別人而學習，學習助人，讓自己有能力來引導別人看見自己。

學習為了助人，助人需要學習。如同進到和氣大愛一樣，修煉為了行願，行願需要修煉。

同心攜手共煉

慢慢明白自己是被好多生命推派出來的，自己的修煉不只是為自己而煉，也是為法脈、血脈與靈脈而煉。晨煉時老師指引同修，在煉時可以想像三個畫面，用這樣的方式來同心攜手共煉。

首先，想像同修跟自己的影像重疊，就好像自己變成了許許多多的同修，自己就代表了這些同修立在這裡煉。

其次，想像自己的左右手，各拉起一位同修，然後一位接一位同修，圍成一個圓圈在煉。最後，想像自己就站在這個圓圈的中央，是這個圓圈的中軸。

這樣的煉法，也是今年主法語「和您同心　與爾攜手」的精神，也代表法脈主流下，會有更多新加入的同修，這些尋光問路的老靈魂，在十週傳光人班後，直接進入一心向內班會，而一心向內法慈場將鋪蓋整個地球。

每天煉　要有進度

大愛光老師常提醒同修：每天煉的時候，要有進度！我呢？我有進度嗎？我的生命每天都有往前推進嗎？每天寫，一直寫，就是想用文字來檢視自己有沒有進度。

閉起眼，把自己的手放在靈心處，將大愛手印融入體內，讓溫熱光團一直擴大。問著裡面的老靈魂：你開心嗎？你覺得這個肉殼有在上進嗎？每天有進度嗎？

讓自己這一生，不再只是活著，只為了求生存，而是學習將法應用到生活裡，在生活裡建立自己的中軸，按時到慈

場修煉、參班，建立自己的生命之根。

　　這是目前我自己生活型態的改變，很開心可以真正為自己做到這一件事。祝福你有美好的一天，大愛光祝福你！

筆落 2012 年 1 月 4 日 10:08:42

風箏線不能斷

楔子：為什麼要修煉？

問問自己：為什麼我要不斷修煉，一直提昇自己呢？這個答案除了為自己，再擴大到為別人之外，還有什麼原因，會讓我們特別急著想這麼做呢？就因為：許多生命並沒有給我們很多時間啊！

我是一位老師，在大學裡有些學生跟我見面的時間，可能就是一個學期每週二至三小時的時間。這課堂上的短暫互動，就是我可以運用的正規時間。我常在想：我要如何用這點時間來改變這些生命呢？

要快快修煉 我沒有很多時間

來到和氣大愛，明白這是一條最有效率的道路，所以無論如何，也要把握機會，帶著自己好好修煉，而且是快快修煉。這一切，正因為了解這些學生並沒有給我很多時間。

每一位我遇到的學生，都是老天慈悲垂降的一份份試卷。對自己的期許就是，要看懂這份試卷的題目在問些什麼？要會解答這些考題。

再來，就是考試有時間限制，不是讓我想寫多久就有多久。所以，就算我看得懂，都會寫，但時間不夠，也不行啊！

這是我在學校教書，時時刻刻都會面對的課題，因為這些孩子並沒有給我很多時間，我要如何在最短的時間，有能

力去影響這個生命，便成了我來到和氣大愛接光傳光，透過修煉來提供自我能力的理由。

這是一份推力，是當老師這一份職業，這一份天命，這背後有許許多多生命推動著我向前進。

老師是成佛之道　每個都是自己孩子

記得大愛光老師曾指引：人最大的病，就是好為人師！當老師的人都是神經病，是問題最大的人；想當老師的人不是人，這些人如果不是變成魔，便是成了佛。

所以，老師是成佛之道！因為當老師的人，要把每一個人都當成自己的孩子來看待，這不是神經病，是什麼？

這段話聽在我的心裡，其實是一份責任，也是一份使命，因為老師這個角色，可以影響無數的學生及其家庭，這是一份榮耀的職責，是值得生生世世去做的天命。

如果能在校園裡結盟，結合校園伙伴的力量來傳光，那散發出來的影響力更大。

風箏線不能斷　一斷就掉了

我們每一位老師，都像是一條條的線，線的那一端是一個風箏，是一個等待綻放的生命，這條繫住風箏的線不能斷，一斷這風箏就不知飄向何方？而這條線也不能抓得太緊，否則風箏飛不高，生命的格局無法抽高。

這條線何時該緊？何時該鬆？就看每一位老師的智慧來權衡；但就是不能斷，一斷就掉了，一個生命就這樣掉了。

感謝這一生自己有機會當老師，走上這一條天命之路，在這個位置上，先讓自己做到授業，再進而可以傳道與解惑，由一位經師蛻變成一位人師，真正可以引領一切有緣相遇的孩子。

　　在這有點寒流的早上，願這些文字可以送上一份溫暖，燃起我們心中那一份想為生命做事的心念。不管你是不是老師，每一個人都可以做老師在做的事。

　　此刻，在我們身邊就有好多生命正等著，我們準備好了嗎？這些生命並沒有給我們很多時間，我們還要準備多久？就去做吧！一切需要的力量，就在這份心愿生起時，相對也就具足了，不是嗎？

　　這是今早政學的分享，祝福你有美好感動的一天！大愛光祝福你！

筆落 2012 年 1 月 5 日 08:18:21

讓文字帶著光

楔子：老師學佛了

學生跟我說：老師！您最近學佛了，文章裡都是什麼大愛光？什麼立如松？大愛手？煉和氣？都看不懂了，不像以前老師寫的東西。

我笑著回說：老師不是學佛，是學和氣大愛，和氣大愛不是什麼宗教團體，任何人只要願意學都可以學，學到的法都可以用得上。

好朋友傳訊息

一位好朋友也說：楊老師！以前您部落格文章孩子比較看得懂，會把文章裡的觀念拿到生活裡來用，回到家還會跟我分享心得。

現在您的文章寫得比較不同了，我們這些大人因為有過生命經歷，多少還看得懂，但孩子就無法深刻體會，有時連看懂都很難。

這位朋友說：能不能請楊老師像以前一樣，也寫一些學生看得懂的文章，因為過去那些文章，對孩子確實產生很好的作用，孩子也很喜歡看。這是昨天上午，開車到台北參加研討會之前的一個訊息。

寫給誰看

其實在我開始寫進入和氣大愛，展開修煉行願這條大愛光道路心得時，我就一直問自己：我到底要寫給誰看？是和氣大愛的同修？還是一般大眾？精準來說，是我教過的所有學生。

如同昨天下午中華企業倫理教育協進會辦理的研討會，設定的對象主要以財務金融倫理研究的老師為主，因此演講過程會以學術的專業用語來進行溝通。這個提問，一直以來是我心裡的疑問。

大愛光傳法工具

昨天上午清楚的訊息出現了：我的心願是，想用文字跟所有的生命連結，不論這些生命是不是和氣大愛的同修，是不是青年學子，是不是其他不同的族群，我都希望自己寫的文字，可以跟所有的生命連結，沒有分別。

我是一個大愛光傳法的工具，期盼在寫的當下，就能跟大愛光老師連結，能用靈性的文字來表達，讓每一個文字都帶著光，進入看到這些文字的生命裡面去，這是我寫分享最大的心願。

學生們的心聲，好朋友的建議，對我都是一種期許，期許寫下來的文字，可以讓所有的生命接受，每一個生命都可以在這些文字裡，找到他自己需要的東西。

他日當我遠颺 留下的是文字

寫到這裡，心裡突然有一種感動：以前寫這些部落格的分享時，只認為就是日記，很隨性地抒發情感，做這件事就只是寫日記的設定。

現在一樣是寫這些部落格的分享，背後卻帶著一份自我的期許與責任，一樣是自然流露的文字，但做這一件事的設定不同了。

我明白自己在做一件看起來不怎麼樣，但是其影響力卻是無限的一件事，這些文字不只是日記裡的文字，更是一種法布施的途徑。

在我生命結束時，這些文字還會繼續留下來，繼續在這個地球上傳光，想想這是一件多有意義的事啊！

與師為一體 深結師生情

我相信會有許多生命，許多尋光問路的老靈魂，透過部落格，透過這些文字，甚至是更寬廣的平台接上大愛光，我的學生也不例外，這是一種更深更遠的師生情緣。

對我而言，有一個課題要修，就是如何在落下文字的當下，跟大愛光老師的法身連結，讓文字更有力量，更能帶著高含量的光，來跟不同的生命連結，沒有特定族群的分別。

我相信這些文字，即使現在跟有些生命的連結度還不高，但一顆顆光種子早已隨著文字的閱讀植入生命裡，就待日後因緣成熟時機的到來，定能接上大愛光法慈場，走上大愛光道路。

文字光華 天地資糧

　　我是老天的一個工具，一個大愛光傳法的工具，所有文字裡所展現的智慧與力量，都不是小我的，這一切全都是天界地庫的光資糧，是老天的慈悲，想要帶給這個地球上所有生命的。

　　這是我今天早上，用手指敲打鍵盤落下文字時，心裡面一股深深的感動。明白自己這一條命，可以如此被使用，內心有著無限的感恩。如果你願意，請跟我一起來。大愛光祝福你！

筆落 2012 年 1 月 6 日 08:55:30

運將大哥

楔子：運……

這幾天生命流程跑得很快，可以感覺到身體的疲累，靈魂的拉扯，靈性的定靜，一切都在圓滿的路上。連著幾天，開著車跑來跑去，是一個十足的司機，一個所謂的「運將」大哥。

對！我就是運將大哥，把生命裡這些重要的把關「將」領，「運」過來再運過去——運來慈場接光，再運送他們回船上，一心只想著「護送這些生命上路回家」這件事。

是什麼樣的因緣，把這些原本互不相融、相互怨恨的生命聚在一起，大伙一起做著靈性圓滿的功課。大伙一起搭上這艘海盜船，在船上，不時彼此互看不順眼，偶爾來個兩句嘲諷話。船上的一切並不那麼和諧，而我這個海盜頭子，不時得觀看並控制著場子，以免失序的狀況出現。

看著這一切，觀照著這些生命，笑問自己：我在求取什麼呢？登上陸地，我就是運將大哥；回到大海，我就是海盜頭子。

如果只是想到自己，早就棄車棄船走人了；就因為想把這些生命帶上，所以不是用車，就是開船，把這一個個生命給帶上，載他們接上大愛光，好好圓滿功課。如果自己還有所求，不過就是求得圓滿吧！

以無所求之心 提高振動頻率

想著大愛光老師指引同修，修煉時要用無心、無力、無求、無取的心來煉，也就是不要用頭腦，不要用拙力，不要求效率，不要求感應，就只是好好煉，不要有所求。

一旦有求取的心，振動頻率會下降，生命狀態會降低。當我們可以用無求的心來煉時，自然很快就會煉上了。

晨煉時，老師指引同修，接上光源生吸力的七個次第：心念輕守靈光團、仰面接上母光源、慈光垂降生吸力、含光量增頻率升、內在道路光明現、人親土親故鄉親、造就天地傳光人。可以試著用這七次第來煉，同時也檢視自己煉的程度到哪？

什麼樣的心，可以全部都得到？我明白了：原來是一顆無所求的心。因為無所求取，所以無所不得——沒有想得到什麼，卻是什麼都得到。

在法的修煉上，要能用無所求的心來實證與實修；在人事境裡面，也是要能用無所求的心來付出與圓滿。

從塵雲中 扶搖直上

越是無所求，越是觀自在，越是不著相，越是無分別。回頭看這幾天的發生，在看似一片混亂的流程裡，在看似一團複雜的疑雲裡，隱約可以感覺到生命之軸，由這些吵雜的背景裡升了上來。

沒錯！當我們攪和在人事境裡面時，最快得以圓滿的方法，就是抽高生命。

所有的一切就是回到中軸，順著生命中軸，一路向上飛昇，方能抽高生命，如此問題不再是問題，不圓滿中自然得圓滿。祝福你有美好的一天！大愛光祝福你！

筆落 2012 年 1 月 9 日 08:21:57

不能停下來

停不下來 不能停下來

在我們身上有些東西停不下來，例如身體就不斷在成長，也就是一天天老化，青春的肉體總逃不過歲月的痕跡。

另外，我們的心靈也一直在經歷發生，經歷著從小到大無刻不在的發生，所以靈魂也不斷在學習與成長。這身體與靈魂的成長，是我們想停，也停不下來的。

有什麼東西是不能停下來的，那就是靈性的成長，也就是慧命的成長。一旦我們不去關注時，靈性的成長就會慢慢停了下來，而且是不自覺地停下來。

慧命沒有成長，還是在宿命軌道裡打轉，經歷著相同的發生，承受著相同的結果，生命的品質就是提昇不上去。

想想真是有趣，身體的老化與靈魂的成長，想要停卻停不下來；而慧命的成長，不想停卻停了下來。身體與靈魂不斷往前走，靈性卻停在原地。

這靈性的成長，就是自身含光量的多少，也就是我們進入和氣大愛的原因，想讓靈性有機會不斷成長。

師生情緣 不會變

昨天兩則部落格留言很有趣，一則是學生透過留言，表示看不懂我最近分享的文章內容，還是比較喜歡我過去的文字分享。收到這個訊息，只想告訴我的學生：老師從來沒有

忘記大伙！

　　我的心還是跟我的學生在一起的，我關心這群孩子的慧命成長，所以不論是過去或現在，我還是會不斷透過分享來帶領這群孩子，這份師生情緣是不會變的。

文字化為 傳光人說明書

　　另一則是新同修的留言，表示很喜歡我最近的文字分享，讓他對和氣大愛有更清楚的了解，這也是我用文字分享的用意。讓這些文字化身為成為傳光人的說明書，可以邊看邊進入和氣大愛。

　　當然也會有不同的聲音出現，例如有資深同修表示看不完分享的內容，或是看不下這些文字分享，或許是文字讓人感到有種不舒服的感覺。

　　最近這些來自學生、朋友、新同修與資深同修的不同心聲，都是一些訊息，在這些訊息裡面，我微微感受到擔心、焦慮、歡喜與憾動，或許是這些落下的文字，震動了這些生命原有軌道，或許是在提醒我，還要在文字使用上多下功夫。

文字分享 不能停的使命

　　快過年了，在我們心裡底層積壓的一些東西，也該清倉一下了，讓靈性的光可以進入塵封的心，讓整個人可以由內到外光亮起來。

　　政學就只是一直寫，寫到不能寫的那一天，寫到生命終結的那一刻。對我而言，文字的分享，文字的法佈施，更是

一件不能停下來的使命。

　　親愛的老靈魂們，我依稀可以感受到你們的叩門與問候，相信久別重逢的時刻，就快來到了。大愛光祝福你！

筆落 2012 年 1 月 10 日 10:27:46

就是立如松

楔子：遇到了

我們永遠不知道會遇到什麼？遇到，就是了。

昨天對我是狀況很多的一天，感覺自己的中軸持續在耗損，跟傳導師在線上短暫共修，說這幾天狀況——其實已經積累好幾天的狀況，發現自己狀況開始掉的過程中，並沒有及時用上法，導致整個人的狀態往下掉。

傳導師要我處理好今天的一切後，早點到慈場立如松，把中軸煉上，把光給補足。

晚上六點半到學員班會，進到慈場的大殿後，找個法台右側的角落，人就立在那個點，那個點就是當下我的位置。

我沒有按照班會的流程動作，就只是一直立如松，立到身體想要踏步時，再回到光團跟著伙伴一起煉和氣。

才短短兩個月……

過程中感受到心的煩躁浮動，會有不想往下立的感覺，甚至出現昏沉的情況，最後還是帶著自己往下立，立到有段時間變得很定靜。想想自己真是好玩，很兩極化。

以前完全不立如松，參班時可以立二到三個小時，一心向內時更能立滿七炷香；這一切的發生，就在短短的二個月裡，可以由零一直擴大，看見生命的無限可能。

解讀→解套→和解

生活裡難免會遇到問題，在今天的課程中，大愛光老師指引同修，要能「解讀」生命的訊息，這些訊息都是一些祝福。

進而用上法來「解套」，為新生命找到出口，最後就能做到「和解」，跟內在身心靈與外在人事境和解，所謂內和外通。

能跟自己和解，散發出來的才是和氣，而不是怨氣或怒氣，如此擴大之後，才不會把問題弄得更大。

明白自己在立如松時，會有某些部位不舒服，那些酸痛點就是一些訊息，也是說明該部位不在中軸上。要能試著把這些酸痛點收束回中軸，如此自然能化掉酸痛，容易一直往下立。

過關化卡＝立如松＋定點傳光

昨晚老師指引同修大愛手定點傳光之法，教同修如何幫自己做大愛手，如何傳光給自己，如何把光帶給內在。

在靈心中，想著自己的樣子：「親愛的某某某，親愛的小靈子，親愛的老靈魂，我要傳光給你，我要把大愛光傳送給你。」

這個法可以用在立如松之前，讓立如松的過程更加容易過關化卡。

立如松是我的解套方法，一旦人變得不清明，心變得煩躁時，就是「立如松」這三個字。人越是不想立，越需要立

下去，立到身心靈和諧，立到人事境通順，立到慈悲喜捨發光體，立到通天貫地做柱樑。

感謝生活裡一切的發生，遇到，就是了。這些發生都是對我的祝福，都是在推我的進度，讓我有機會擴大中軸的頻寬，有能力接引更多的生命。

祝福你有美好的一天！大愛光祝福你！

筆落 2012 年 1 月 11 日 08:41:17

還要來去幾次

楔子：開演了

中午開始，一場戲就這麼開演，這並不是第一集，而是續集，還會有下一集。進入戲的高潮情節，台上相關人員激情演出，也不過是配合著我這個老靈魂。

這一集暫告一段落，人下了台，坐在書桌前，協調好明天協進會理監事聯席會與會員大會等事宜，人就這麼坐著坐著，天色慢慢轉為昏暗，景物慢慢消失不見，藏身在夜色的懷裡。

還在眷戀 還要來去

原本手邊念茲在茲的事情，喊一聲「卡」！沒有為什麼，就是這樣，先暫時擱著，以後再說了。人與人之間的關係，不常常也是如此嗎？就一聲「卡」，沒有為什麼？也不需要為什麼？

有些人來了又走，走了又來，過去生這樣來這樣走，這一生這樣走這樣來，都來來去去幾遍了，還來還去不是嗎？

就因為還有眷戀，所以還會想來，還要再去。這些還會想來，還要再去的地方，就是還在眷戀的，還要來去幾次？還要幾次才夠呢？一心向內，問著老靈魂：你還好嗎？你覺得呢？

這條路走到現在才剛要開始，還得往下走，不是嗎？什

麼時候結束？還要多久呢？

立如松大錨　穩住搖晃的船身

今天下午風浪很大，加上這艘船上的人賣力晃動，整艘船被搖得很厲害，差點翻船遇難，還好拋下「立如松」這個大錨，將整艘船穩定了下來，慢慢將船平安駛離這個安全誤區。

這個誤區看似海面平靜安全，底層卻是驚滔駭浪，船隻一下子找不到原有的航道，回不去寧靜大海的港灣。

親愛的楊政學，你還好嗎？望著鏡中泛紅眼睛的自己，感受著內在熟悉的老靈魂。對！我，楊政學，永遠跟你在一起！沒有別人了，只有自己了。

淚水擦一擦，還要上路呢？未來的路還很長，正在等著。此刻，心中有股說不上來的感受。

感謝下午傳導師的護持與指引，感謝一路上的所有護持，尤其是大愛光老師與傳導師，一再寬容我這個不成材的靈子，等著我這個老靈魂醒過來。文字來到最後，只有無限感恩的心。

這是一篇老靈魂的喃喃自語，感謝你的到來。大愛光祝福你！

筆落 2012 年 1 月 11 日 18:41:51

心情札記

故事的某段

讓自己一直都在

拎包的人
滿頭是包

我根本不需要把這些全扛在身上，沒有人說這些是我的
功課，我老是喜歡給人承諾，老是覺得一切非我不可，
我不僅扛著這一生撿來的包包，還把過去生裡沒帶到的
包包全給拎來了。

書寫 輸血

用文字輸血

立如松是給自己接光，而文字書寫是給自己「輸血」。文字就像身體裡流動的血液，文字的分享如同血液的流動，用以維持一個生命體的運行。

繼續書寫，體內的血液才不會被塞住，這個生命才能氣血充足，甚至是光充滿的狀態。人越是在撞牆期，越是在轉軌期，更要不斷的寫，寫到中軸可以通暢無阻。

所以每當我自己卡在人事境裡面時，即使不想寫，還是會帶著自己寫下來，再讓這些文字帶自己進入紅光隧道，一直向內探問。

來修的 修來的

學校放寒假了，這幾天算完成績準備送出，也在考量要當掉那些學生，讓這些學生重修，重新再來一次。

為什麼需要重修？因為這門課是必修課，不是選修課當掉後可以不用重修，所以一定要修到通過才能畢業。

在學校系所裡面，什麼樣的課會是必修課呢？

我常跟學生開玩笑說：必修課就是開成選修時，沒什麼學生會修的課，所以通常會開不成課；但這門課又很重要，所以就把它開成必修課，強迫每一位學生都要修。

在和氣大愛裡面，什麼樣的課是必修課？什麼樣的班是

必參班？只要是進來和氣大愛的同修，全部都要修這門課，都要參這個班，想一想很有趣的。

這些必修課，這些必參班，對同修很重要，但開成選修，可能沒什麼人會選、會參，怎麼辦呢？

當然把課程行銷推廣，弄到很吸引人，讓同修迫不及待想要參班上課，也是一種方式。

想想：在我們的人生功課裡，有哪些是必修課？躲也躲不掉。有哪些是過去生被當掉，這一生正在重修的課？還是得重新來過。

這一生不就是來修的嗎？這一生不就是修來的嗎？是來修的，更是修來的，就好好把握，好好重修。

必修被當 只好重修

開學第一堂課，通常我會跟修課學生談這門課的遊戲規則，也就是我對這門課的要求標準。達不到這個標準時，就可能會被老師當掉，如果這門課是必修課，那麼被當的學生就必須重修。

為什麼說「可能」呢？因為有些學生雖然達不到某項要求標準，但是他的學習態度感動了老師，所以學生雖然沒有具足修這門課的天份，但後天的求知態度讓他過了關，是後天態度彌補了先天才華的不足。

當然被當的學生，重修時可以找其他有開這門課的老師修課，不見得要重修之前這位老師開的課。

對一位老師來說，要考倒學生，要讓學生當掉，是一件

非常容易的事。反而，要教會學生，要讓學生過關，是一件相對困難的事。

在學校我是老師，也是一個班的「導」師，自己會不會被學生一考就倒，成了「倒」掉的老師。

學會就簡單

任何一考就倒的題目，任何還很複雜的課題，只是在告訴我們：還沒有學會！任何學會的東西，就是怎麼考都不會倒，就是簡單而不複雜。

看看我們的生活裡，還有多少東西是怕別人拿來考我們的？還有多少地方是複雜到不想面對的？這些躲也躲不掉，早晚都要面對。

出門到台北開會前，上部落格用文字跟你分享，祝福你有美好的一天。大愛光祝福你！

筆落 2012 年 1 月 12 日 08:49:17

狗王

楔子：狗王的故事

今天就說一個故事吧！

政學有位朋友是個非常愛狗的人，尤其對流浪狗有著一份憐惜的心，所以他時常會隨身攜帶小包裝的狗食，在爬山或郊外遇到流浪狗時，就隨手餵食牠們。

有一天他看到幾隻流浪狗很可憐，剛好身上帶著狗食，於是抓了把狗食餵給這幾隻狗，其中有一隻狗特別大隻，就叫牠「狗王」吧！

當狗食放下來的時候，這隻狗王朝著其他較弱小的狗狂吠，不讓這幾隻狗接近狗食，因為狗王想獨占這份狗食。

於是狗王擺出攻擊的姿勢，用吠聲來阻止其他狗接近，狗王就這麼一面吃著狗食，一面不安地回處張望，深怕其他狗靠近來跟牠分食這份狗食。

獨占狗食

朋友看到這個情形，心裡想說算了，這份狗食就留給狗王自己吃好了，於是朋友在往前一點的地方，再放另一把狗食，想說給其他搶不到狗食的狗來吃。

正當其他狗靠過來分食這一份新的狗食時，狗王跑了過來，一樣對著這幾隻狗狂吠，把這幾隻給趕走，想要再一次獨占這份狗食。

朋友看到，心想沒關係，這二份都給狗王。於是他再往前一點的位置，放了第三份狗食，這樣總可以了吧！

　　當朋友放好第三份狗食時，其他狗高興的圍了過來，正當要分吃的時候，狗王又跑過來吠走其他狗。其他狗見狀，再跑回第二份狗食處吃，有些狗有自知之明，則跑回較遠的第一份狗食處吃剩下的。

一場爭奪戰

　　結果你猜？最後那個畫面是什麼？

　　那個畫面是，狗王就在這三個放置狗食的地方來回奔波，用牠身材的優勢與恫嚇的吠聲，來回趕走接近狗食的其他狗，狗王跟這幾隻狗玩起捉迷藏，玩起一場爭奪戰。

　　最後狗王累了，蹲趴在地上，但是牠的眼神還是兇狠，依然怒視其他想要接近狗食的狗。狗王想要獨占所有的狗食，牠自以為這些食物都是牠的，最後狗王其實什麼也沒有吃到，而且把自己搞得精疲力竭。

　　看到這個畫面，你有沒有發現一種很熟悉的感覺。在我們過往的生命裡，或是此刻的生活裡，我們就是那一隻狗王，想要獨占自己想要的東西，想要占有自以為是自己的東西，不准其他人跟我們搶奪，跟我們分享。

　　更好玩的是，我們還用合法且高明的方式來包裝，讓自己占有得合情、合理、合法。我們用這個包裝後的高明手法，讓生命變成了一場你搶我奪的保衛戰，到底最後是為何而戰呢？

找回生命主軸

　　想想：我們每天用言語在揮刀舞劍、在傷害人，不好像就是狗王用吠聲在趕其他狗嗎？到底有什麼東西是我們的？這一生來到最後能帶走什麼？此刻我們正在爭奪的東西，一切都會過去，什麼也帶不走，不是嗎？

　　如果那隻狗王看懂這一切，而願意跟其他狗分食，每隻狗不都是可以吃到食物嗎？占有著自以為是自己的東西，只是讓自己的生命失去主軸，一旦生命陷落在爭奪遊戲裡，生命的主軸也就倒了。

　　此刻，你還在緊抓著什麼？你還以為什麼東西是你的？是不是還在用高明手法來包裝？你以為是因為愛對方才緊抓不放嗎？其實不是，這不是真正的愛，這是心裡的恐懼，你害怕失去，你不甘心失去，你不甘心啊！

　　今天故事就說到這邊，還喜歡嗎？讓我們一起祝福我們每一個人心裡面的那隻狗王，願狗王可以大愛光充滿！大愛光圓滿！

筆落 2012 年 1 月 13 日 09:55:34

賽狗 曬狗

真正的快樂

有沒有想過：為什麼已經擁有想要的一切，還是不快樂呢？為什麼已經達成設定的目標，還是不快樂呢？什麼才是真正的快樂？

是不是擁有得多，就會比較快樂呢？已經擁有這麼多了，但真正享有多少呢？原來光是擁有還不是，要能享有才是啊！要能享有自己的生命，你享有多少呢？

自在地呼吸

對一個生命來說，最大的悲哀，就是不能自在地呼吸。試著閉起眼，想像自己立在一個天地遼闊的草原，四周散發著花草的芬芳，這香味隨著呼吸進入身體內的每一個分子，這是多麼美的一個畫面，可以自在地大口呼吸。

往往當我無法自在呼吸，同時生活裡充滿壓力時，我在立如松時胸部就會感到有股壓迫感，像是有個東西壓在自己胸口的感覺，會有不想立下去的煩躁感出現。這時候只要堅持站過去，就能自在地呼吸了。

誠如大愛光老師的指引，反正，站就是了，堅持站過去，什麼都不要多想。站過去之後，呼吸就不一樣了，整個人就會感到一股前所未有的輕鬆。

賽狗的命運

回過頭看自己的人生，為什麼生命會有這種悲哀呢？我們就好像是有人豢養的賽狗，專門養來比賽用的。

從小到大有好多人幫我們設定好多目標，我們很努力地達成這些目標，在不同的賽狗場上競賽，追逐著一面面獎牌，生命於是就這麼一圈圈繞著，這就是我們過往生命的迴路，但這些都不是生命真正想要的。

我們為了滿足別人的比賽需要而活著，也為了達成別人的設定目標而努力，但我們活得並不快樂。我們為了讓自己可以更好，為了拿更多的獎牌，而承受著莫大的壓力，這些壓力就是一面面隱形的獎牌。我們追逐著這些隱形獎牌，老是覺得自己不夠好。

其實我們真的已經很好了，不要再責備自己了，我們真的不用只是為了追逐這些獎牌而活著，反而要能活在此時此刻，就是當下這一刻，全然接受此時此刻的自己，接受自己現在的樣子。

在昨天的分享裡，說了一個「狗王」的故事，今天晨煉時，大愛光老師談到賽狗的命運，真是好有趣。大愛光老師就是這麼慈悲，就是這麼可愛，一切為我而設啊！

曬狗→轉鬼

想想：賽狗不就是「曬狗」嗎？也就是把每一個人心中的狗王，拿出來曝曬，完全曝曬在大愛光底下，讓心中的那些貪、嗔、痴、慢、疑，這五個小心「鬼」，得以真正地轉

「軌」，不在原有的宿命軌道上打轉。

什麼時候，我們才可以在狗王的身上，看到自己的貪、嗔、痴、慢、疑？什麼時候，我們才可以明白自己像隻被人豢養的賽狗，一生追逐著別人設定的目標，但並沒有真正活在當下，好好擁抱並享有自己的生命。

接上大愛光之後，我們有機會把心中的狗王帶出來曬曬大愛光，好好做一場「曬狗」的大愛光沐。

還喜歡政學今天的分享嗎？感謝你的到來與成全。祝福你有美好的一天！大愛光祝福你！

筆落 2012 年 1 月 14 日 09:43:47

戲子

楔子：有雨的清晨

在微寒有雨的清晨，由卓蘭紫屋開車返回竹東家裡，小兒子還需要到學校上課，過兩天才放寒假。這幾天在卓蘭家裡簡單生活，沒有電視大選的張力與激情，只是讓身體勞動著，讓頭腦放空著。

天氣很適合植栽，紫屋有時置身在一片濃霧裡。就像我們的人生，有時像是在霧裡看花，感覺真真假假、假假真真，看不懂正在上演的，又是那一齣戲碼？

戲中人 人中戲

感覺自己就像個即將上台的戲子，還在台下的我，挑選著適合台上這齣戲的戲袍，心裡明白，這就是一齣戲而已，這齣戲不久就會謝幕下台；但站到戲台上的我，還是會全身投入，讓自己入戲，盡責地演好這個角色。

知道自己有時會太入戲，而忘了真正的自己，忘了我是誰，反而人被這齣戲給帶走。就這麼走著走著，竟然忘了回頭的路啊！

人生如戲，戲如人生。戲中人，人中戲；戲演人，人演戲。戲罷謝幕，曲終人散。明白是一齣戲，也就好了，該全力演出時，就讓自己全然入戲；該謝幕下台時，就讓自己瀟灑離開。

這一生，演了一個叫做楊政學的角色，藉由這個角色，經歷了許許多多的悲歡離合，軀殼裡的老靈魂就這麼看著、等著、候著與護著。

戲子→遊子→浪子→靈子

什麼才是靈子真正想要的生命模式？什麼樣的角色，才是真正的自己？演什麼？就演每一天需要的；修什麼？就修每一天遇到的；寫什麼？就寫每一天感受的。

每一天就這麼演著、修著、寫著，這台上的戲子，曾經是遊子、浪子，望見這台下的靈子，就這麼久別重逢了。你呢？現在正演著那一齣戲呢？台上的這個角色，還喜歡嗎？有入戲了嗎？還知道自己是戲中人嗎？看到了，明白了，就好了。這一切，不過就是一齣齣的戲啊！

我是誰？

問問自己：我是誰？拿掉那些「我有」什麼？「我是」什麼？還剩下什麼呢？什麼才是生命最想要的模式？這一生到底想要怎麼活過呢？

找個安靜的地方，為自己泡杯咖啡，尋著散發的陣陣香味，問問裡面的靈子，還想演戲嗎？還要演多久？什麼時候開始活真正的自己呢？大愛光祝福你！

筆落 2012 年 1 月 16 日 09:45:04

拎包的人

還有路嗎 心還在嗎

接上大愛光，走上大愛光道路後，並不保證從此不會有問題，從此就過著幸福快樂的日子，在這條道路上還是會有好多的人事境正在等著。

這幾天隱約感覺內在有些變化，內心一直叩問這條道路，叩問這顆道心，還有路嗎？心還在嗎？

就這麼一路走下去，明白一切都可能會變。所有的不可能都變可能，所有的可能也都變不可能；熟悉的變成了陌生，陌生的變成了熟悉。

局內人 局外人

以前遇到人事境時，常常還是會陷落在其中，尤其是身邊親近的人，更容易讓自己入戲過深而不自知。現在明白自己是戲中人，會試著在人事境裡更快抽身，讓這些人事境留在前面，而把自己往後抽離。

用這樣的距離來看待人事境，讓自己由局內人抽身成局外人，因為距離有了，看到的東西也不同了。

誰的功課 誰掉的包

以前遇到這些人事境，總會把這些當成是功課，當成是這一生要來修的功課。我努力修著關係的圓滿，認為這些都

是老天的慈悲與祝福，我一直在承接這些功課，一直把承諾一個個往身上扛。

直到有一天，我累了，慢慢回過頭看著這些所謂的功課，所謂的不圓滿，我笑了。

其實我根本不需要把這些全扛在身上，沒有人說這些是我的功課，我老是喜歡給人承諾，老是覺得一切非我不可，我不僅扛著這一生撿來的包包，還把過去生裡沒帶到的包包全給拎來了。

拎包的人 滿頭是包

原來我是一個拎包的人，弄得整個人、整個頭都是包包，真是「滿頭包」啊！

這一生功課要做，圓滿要修，是沒錯！但我不是只來做功課的，不是只來修圓滿的。我是一個立在空谷的生命，唯有讓身上的一切回歸自然，生命才會真正自在，才是一個真正的自由人。

古人今袍 再來人

對！我是一個再來人，一個古代人穿著今生袍的人，一個再來的人，一個想要自由的靈子，想成為一個自由人啊！

這兩天看著生命裡接二連三而來的發生，上演著一齣接一齣編好的戲碼，在這些角色與場景置換的空檔時，我就在戲台下看著，想像在空谷裡立著，心裡開始對以前設定的功課，以前設定的不圓滿，有了些微妙的不同感受。

我不再把這些所謂的功課與不圓滿，全都扛在自己的身上，而是明白每一個生命都有各自要走的軌道，我要走的就是自己的軌道。

一旦我上路了，周遭的生命自然會上路，而不是不斷地把包包扛上，讓這些包包把自己壓垮，結果是重覆著相同的生命模式。一個再來人，到了要走的時刻，生命還是一樣，沒有什麼不同。

失物招領 暫時保管

這樣的思維是不是很自私？心裡問著我自己？你呢？是不是還扛著一堆功課？是不是還拎著一堆包包？是不是該來一次「失物招領」，讓這些掉包包的人，可以領回自己遺失的包包，而你只是一個暫時保管包包的人啊！

是啊！我們一路上撿了好多的包包，不是扛在肩上，就是拎在手上，而忘了自己是個暫時保管這些包包的人，這些包包還是要歸還失主的。

這是今天早上的分享，不知道用文字可以表達多少，政學感受到什麼就寫什麼，就只是個人的分享，你不用認同。

無論如何，我都會在心裡想著這一個畫面：我是一個立在空谷大自然的自由人！親愛的伙伴，祝福你有美好的一天。大愛光祝福你！

筆落 2012 年 1 月 17 日 08:07:14

心念軌跡

楔子：回鄉前

　　有好幾天沒有用文字整理生命了，當然生命的課題還是繼續在跑，而且跑的速度很快。想在回高雄過年之前，用文字整理一下這幾天的發生與看見。

　　接納自己的現況，不再責備自己，是一個愛自己的開始，是一個讓自己過得好的開始。

　　但是不能只有接納，把它當成一個逃避的藉口，而是要能改變自己，要能轉換生命，要能用上大愛光之法。

對照人事境　檢視心念與格局

　　這幾天外在人事境的許多發生，剛好就是讓自己可以用上法來實證實修，可以檢證自己會不會用法。

　　否則參了再多的班，接了再多的法，也只是多了些工具而已，回到生活裡還是不會使用。

　　接納自己的現況，是讓自己回到生命的本質；接納別人的樣子，是讓自己打開生命的格局。能不能接納，也就是格局的大小。

　　我自己呢？生命的格局如何？心量的空間如何？能不能停止對自己的責備，只是承擔起自己的責任，看見這所有一切的人事境，只是在配合自己的心念，這些人事境是來配合自己演這齣戲的。

當人事境發生時，要能回去檢視自己的心念，用心念的修正與調整，來主導這齣戲的進行，來轉化人事境的結果。

當內在的心念靜下來，外在的人事境自然就會淨下來；當內在的心念浮動時，外在的人事境就配合演戲。

這幾天外在人事境的到來，讓我有機會不斷檢視自己的心念，看見自己心念的軌跡。學習用上大愛光之法，讓自己可以靜下來，也讓外在的人事境可以淨下來。

天空亮了 心念淨了

望著卓蘭的天空慢慢亮了起來，該啟程了。這啟程不只是回高雄老家，也是回大愛光的家，生命再一次踏上新的旅程。

親愛的伙伴，祝福你新年快樂！大愛光充滿！大愛光圓滿！

筆落 2012 年 1 月 21 日 07:14:08

紅包

楔子：回鄉過年了

早上由卓蘭開車返回高雄老家，一路上高速公路車況很順利，回到家時，弟弟一家人已經先回來了。

下午一行人到大妹家裡，小妹一家人也來，難得四個兄弟姊妹都到了，一年大概就這麼一次。

過年是家人團聚的日子，特別的是，我這個做大哥的這一家，自己三個孩子分別在三個地方過年，女兒在加拿大，小兒子在新竹陪媽媽，大兒子跟我回到高雄。

看到弟妹都是一家人在一起，心裡難免有些不同的感受，但就是這麼靜靜感受著，沒有過多的惆悵上身。

生命照拂範圍＝生命燈塔高度

倒是每看一次爸爸，就覺得他老人家又老了些，而看到自己身邊孩子長大，好像也在告訴自己又老了些。

時間一年年過去，自己的生命有什麼成長呢？生命的高度要用什麼來衡量呢？原來是用範圍的大小。

用生命所能涵蓋的範圍大小來衡量，如同一座燈塔越高時，燈塔光所能照射的範圍就越大；所以當燈塔高度再往上時，其所散發的光量範圍就越大。

我們的生命高度也一樣，是用生命所能含蓋的範圍來界定。

問問自己：我念茲在茲的是什麼？我都關心些什麼？我的心力都放在什麼地方？我對人還有多大的分別心？我能視人如己嗎？

想想這些問題，就可以見到自己生命涵蓋的範圍有多大，也就是自己生命的高度有多高。

全參：讓生命享全餐

前幾天學員班農曆年前最後一堂課時，傳導師及光團導師跟同修介紹明年課程與學費，明年課程有好幾個套餐型式，特別用比較優惠的價格來方便同修做選擇。

我選擇全參，不挑課程上，也就是全部課程都參，費用部分採用分期方式繳交，是給自己的一份禮物。

以往每年都是包紅包給長輩與晚輩，今年第一次，我包了一個大紅包給自己，給自己一個機會。讓生命有機會不同，有機會擴大範圍，有機會提昇高度，這是我能為自己做的一件事。

無論如何就是帶著自己參班，真正為自己的慧命負責任。

政學！我永遠跟你在一起！

每當生命再度陷落時，每當身旁我愛的人，以及愛我的人，對我感到失望而憤怒時，所有人都可以離我而去，但我就是不能放棄自己。我告訴自己：楊政學！加油！我永遠跟你在一起。

親愛的伙伴，祝福你有一個圓滿的小年夜，也希望三個孩子可以原諒他們的父親，可以有個大愛光充滿的新年，爸爸愛你們，大家一起加油！大愛光祝福孩子們！

筆落 2012 年 1 月 23 日 18:51:17

讓自己一直都在

選擇

楔子：早起的我

回到老家，早上還是五點就起來了，在房間裡立如松，之後就去買早點吃，接著到老家附近的公園散步，這公園現在叫五塊厝公園，也是過去的陳中和墓。

回到家已經是七點半了，爸爸剛起來點香，問我怎麼不多睡些，我說早起習慣了，這一點都不像過去的我。

除夕早上跟著爸爸一起貼春聯與拜拜，沒想出門逛什麼地方，就只是留在家裡跟家人看看電視，累了就是到公園裡的土地公前坐著，這是我小時候玩耍的地方，一個留有好多回憶的祕密基地。

自己是誰　還喜歡嗎？

到底自己是誰？真正的身分為何？想用什麼樣的生命模式過完一生呢？這一切的答案，可以由自己來選擇。

我們有選擇的權利，可以重新設定想要的生命模式。別說這一切不可能，更別讓別人來幫自己設定人生。

生命之所以活得不好，是因為承受著別人對我們的期待，這是壓力來源，最後就失去主軸；是因為尋求著別人對我們的認同，這是要求的心，最後就變成批判。

問問自己：現在這個角色還喜歡嗎？要不要換另一個角色來演相同的這齣戲？還是用相同的角色但換另一個劇本

來演？

有權利選擇 為自己定位

想想目前這個所謂的自己，還要演下去嗎？還要演多久呢？如果不想演下去了，為什麼還不換身分呢？誰控制了你？誰不准你選擇？

新年開始的第一天，就為自己定位一下，我們有權利選擇自己想要成為什麼樣的一個生命，用這樣的設定來開啟今年這一年。

我們現在的樣子，生活周遭的一切，不正是我們過去選擇的結果嗎？沒有什麼好抱怨的，因為一切都是自己的選擇。

或許我們會認為自己沒有選擇，但別忘了，不選擇也是一種選擇，不是嗎？

我們把自己選擇的權利，交給了別人，讓別人來決定我們要成為什麼樣的一個生命。

親愛的伙伴，在新年的第一天，好好為自己選擇一個喜歡的生命模式，讓自己成為心目中理想的自己。新年快樂！大愛光祝福你！

筆落 2012 年 1 月 23 日 07:11:16

又來了

楔子：又來了

　　在我們現在的生命裡，還選擇什麼樣的角色在演著呢？我們不斷提醒對方是如何不好的一個人？提醒對方如何對不起我們？

　　我們要對方知道，我們活得多不快樂？我們的一生都讓對方給毀了。我們要對方給一個交待，要對方良心不安，要對方身敗名裂。

　　因為不這樣，我們不會好，我們難消心頭的怨恨。但是真的如此嗎？帶著這樣的認為，我們就會比較好嗎？

　　我們演著受害者角色，也演著復仇者角色，我們的眼睛一直是往外的，我們看不見自己怎麼了，我們無法主導自己人生，更無法為自己的慧命負責任。

對號入座　演上了癮

　　反過來，如果我們是那一個被怨恨的一方，又該如何自處呢？這樣的角色，我扮演好多年了，現在還是在上演中，過年時更容易被人提醒。

　　我一直被人提醒，我是一個多麼爛的人，我是一個毀滅孩子未來的兇手，我對不起誰？又該對誰怎樣又怎樣？我不斷被人設定，我是怎樣的一個人，最好就是以死謝罪。

　　曾幾何時，我被這些怨恨擊潰，被這些設定洗腦，我真

的以為自己就是這麼爛的一個人，不管我怎麼努力，好像還是改變不了這些對待，得不到身邊人的諒解，更別說是鼓勵與祝福。

對我而言，走進大愛光是一個轉軌重生的機會。以前的我，不斷用認知來催眠自己，要自己不放棄自己。接著用靈性成長的課程，來支撐自己快垮掉的認知，但這一切都不是究竟圓滿。

求自己 千萬不要放棄

當自己來到佛前雙膝跪下時，雙手合十閉著眼問著佛，我不是在求佛幫我什麼，我其實是在求我自己，我在求我自己千萬不要放棄，因為一切都會過去，一切都會圓滿的。

不論別人如何看待我，我就是不放棄自己，我是一個值得好好活著的生命，我是一個立在空谷大自然的傳光人。

還我公道 給我交待

問問自己：我還要誰還我一個公道？我還要誰給我一個交待？我還在演著什麼角色？這個角色入戲多久了？演夠了沒有？還要多久？

在我一味對人發出怨恨時，我自己這一生開始了嗎？我有為自己做些什麼？什麼時候才懂得一心向內，只是看看自己的心怎麼了？

問問自己：當別人為我設定角色，不斷打擊我的信心時，我可以不放棄自己嗎？在別人的指責裡，我看見自己有

哪些責任？我還可以再為對方做些什麼？還可以再圓滿些什麼？

沒有為什麼 只有向前進

　　過年期間還是一再被人提醒，而自己心裡的這份設定還是存在，還要花多少時間才能化解呢？

　　現在的我，不會再問為什麼了？

　　沒有為什麼，只有不斷向前，只要前進，自然就會到。親愛的伙伴，大愛光祝福你！

筆落 2012 年 1 月 23 日 10:11:21

初心

楔子：削地瓜 講故事

爸爸、大兒子跟我，祖孫三人走了一趟廟宇，就在老家附近的高雄關帝廟。昨晚跟爸爸在家門口削地瓜皮，父子兩人一邊削一邊談話，談著我的家庭、工作及孩子。大兒子也會下來幫忙，阿公也是用著不太標準的國語，跟這個大孫子叮嚀與鼓勵。

剛剛跟大兒子到老家附近一家烘焙麵包店吃完早餐回來。很少有這種畫面——父子兩個人靜靜坐著，話不多，心卻在。我望著前面的陳中和墓園，跟大兒子說些我小時候翻高牆偷芒果，跑給管理員追的情景，還有許多好玩的事情。

車潮 人影

由樓上偌大的落地窗望出去，看著來來往往的人潮及車潮，心裡在問：接下來怎麼走呢？偶爾浮上來的石頭，都是一個個的心念，也是漂浮在寧靜海面上的雜質，這些雜質並不影響心的本質，反而彰顯出心的寧靜本質。

一切的紛擾都是背景，一切的魔（磨）考都是祝福，一切的挫折都是護持，都是來讓自己回到本質，讓我有機會回頭看自己的初心——還在嘛～

人跟心 好好在一起

稍晚一點，中午時分兩位妹妹就回老家，今天是初二回娘家的日子，也是一家人團聚的時刻。什麼叫做在一起呢？多少人每天生活在一起，但心早就不在一起了；多少人沒有生活在一起，但心每天都在一起。我們有跟自己在一起嗎？還是早就離開自己的初心，早就沒有跟自己在一起了。

　　回家過年這幾天，哪裡都沒有想到，只想靜靜待在家裡，陪爸爸削地瓜皮，閒話家常，聽老人家說著故事；跟大兒子將平常的僵硬氛圍，慢慢隨著相處時日而軟化平和，可以像朋友似的說話。

高度加廣度　智慧加慈悲

　　明天初三回卓蘭家裡，初五進到靈性圓滿班參班三天，接著利用寒假，靜靜地在卓蘭住下，讓一切的紛擾與煩躁可以靜下來。我靜，他就靜；我浮，他就浮。一切都是心念的呈現，要用心念的微調來主導，到底要選擇什麼樣的生命角色，就全看自己了。

　　想起大愛光老師指引的，提昇生命的高度是智慧，擴大生命的廣度是慈悲。我是一個想要提昇生命高度，擴大生命廣度的傳光人，這是老靈魂的本願本心，一個永遠想跟自己在一起的初心。

　　親愛的伙伴，在初二回娘家的日子裡，願你有一個美好的家人團聚時光。大愛光祝福你！

筆落 2012 年 1 月 24 日 10:21:09

心情札記

讓自己一直都在

第 *3* 幕

把自己
給放了吧

要能看見自己是怎麼在掙扎的，自己是怎麼在壓抑的，最後整個人變得麻木，不再對愛感到興趣，整個人變得沒有感覺，生命也退縮了。

回到路上

楔子：紛擾

　　這個年還沒過完，生活周遭掀起的一波波紛擾與困頓，就讓我的內在有好多感受，發現這一切其實都是護持與祝福，是來讓我自己可以更好的。

　　沒有這些紛擾與困頓，我無法碰到自己的底線，無法打破底線再往下走，無法讓自己生命的深度再往下探。

　　沒有這些紛擾與困頓，我無法明白自己的水位，無法拉高水位再往上升，無法讓自己生命的高度再往上升。

功課：護持我回到路上

　　每當自己心裡浮出「又來了」，我明白這就是功課，是我還沒有完成的功課。每當心裡認為是「別人的問題」，都是別人的問題，自己生命的主軸就掉了。

　　功課又來了，主軸又掉了，生活裡的一切人事境，就是來印證自己還是不是那個——有著初發心的人，那個當初想要傳送光、傳送愛的傳光人。

　　不管外在的紛擾如何，不管身邊的人事境如何，告訴自己：就走自己的路！堅持回到大愛光的道路上，讓一切的紛擾與人事境，可以慢慢沉澱下來。

　　因為這一切都是自己的需要，都是為我而設的，從來就沒有別人的問題，不干別人的事。這一生走到最後自己會怎

樣，完全不干別人的事啊！

在我身上自己的慣性與習氣還是很大，一不小心就會被人事境帶走，生命的主軸往往就這麼掉了。

習氣慣性：護持我願意向內

最近每當自己說完一句話，就會試著去觀照自己生起的心念，看看自己又怎麼了？是不是又帶著慣性與習氣來對待？

想想這些慣性與習氣也沒什麼不好，在自己還沒能力完全轉換的時候，這些都是修煉自己很好的工具。自己可以透過這些慣性與習氣，將自己帶回更深的內在，去觀照內在的心念怎麼了。

抽離慣性與習氣的最佳工具，就是觀照，時時透過生活裡發生的一切，常常在周遭人事境裡面，用一顆平靜的心去觀照，這觀照就是一種自我覺醒的訓練。

過年期間我有好多的機會，讓自己可以不斷練習觀照心念，觀照心念浮動後所帶來的波動，觀照心念定靜後所帶來的平和。

這觀照就是不帶任何價值與判斷的看，是用看的，不是用想的；因為一想就是用頭腦，就是想成自己的認為了，也就看不見一切的真相與真理。

回家 自在呼吸

回到卓蘭的家裡，一切都變得更安靜了，外頭溫度還是

只有攝氏六度，有一種特別清涼的味道，吸一口氣讓這一股味道，滲浸到體內的每一個分子裡，讓身上的每一個細胞可以自在地呼吸。

　　親愛的伙伴，在初四的早上，祝福你有一個大不同的過年假期。大愛光祝福你！

筆落 2012 年 1 月 26 日 07:38:59

六哥

楔子：兄弟慈場垂降

初五一早人就進入靈性圓滿班課程，今天是第二天課程的結束，明天還有一整天課程。這幾天還是開車四處奔波，好感謝此刻的無所事事，讓自己可以安靜下來，用文字寫點心裡的感受。

第一天大愛光老師分享他接連喪失兩位親人之後，感受不到來自傳導師團隊的關懷，而覺醒到唯有用兄弟大慈場，才有可能看到大愛光水銀洩地，才有可能做到同修們同心攜手，才有可能達成整體的大同世界。

當大愛光老師說著：我沒有親人，我沒有朋友！我在台下望著網路上老師的樣子，內心感到一陣酸楚，也真實感覺到「大愛光老師也是人」，而不是高高在上的一位「大愛光老師」。

接著大愛光老師破了自己的底線，用「六哥」的稱謂來放下自己作為老師的身段，來拉近自己跟同修之間的距離。

認識：是改變的入口

課程核心是用陰陽、五行與臟腑學說，來推演舊有生命模式如何運作，來操練如何建立新的生命特質。

當我們想要改變一個東西時，就必須要先認識這個東西，所以當我們想要建立新的生命模式時，就必須要先認識

舊有生命模式如何在運作,如此才能掌握並運作生命能量軟體。

　　今天傳導師看著我說:政學!這兩天都沒有聽你發言說話?問我明白自己是那一型的人嗎?我笑一笑,然後簡單回說:有點混亂耶!因為不同成長時期的自己,所呈現出來的生命特質都不太一樣,所以生命模式好像也一直在改變當中。

　　這兩天自己心裡一直在想:什麼樣的生命模式是我最想要的?我要如何建立這個新生命模式?現在的我,對自己舊生命模式有足夠的了解嗎?

相生相剋　都是迴路

　　其實我根本不急著確定自己是那一型的人,因為五行本身就是一個迴路,只要找到一個缺口,木土水火金哪一個缺口都可以。

　　由這個缺口開始切入並補足,其他缺口自然就會補足,這是內圈五行相剋的迴路。我們也可以用外圈五行相生的迴路,來轉換並建構新的生命模式。

　　一個傳光人所需要的生命特質,應該是一個五行均衡的生命特質。確定舊有生命模式如何運作,是方便我們可以更精準做功課,讓我們更有效率建立新的生命模式。做到:明瞭欠缺,補其不足;看到優質,大力發揮。

　　最後,還是要回過頭問自己:我最想要的樣子是什麼?在這建構的過程中,可以由病痛切入,學習接納自己,

修煉平等心。

互動：轉軌的契機

為什麼還會跟其他生命對立呢？原來是還沒看見每一個生命都在盡力做好，沒有一個生命不想重新振作啊！能夠看到這一點，自然不會再跟其他生命對立。

進一步感受到，一切的互動都是生命轉軌的契機，如同大愛光老師面對喪失親人後，覺醒了悟到兄弟大慈場建立的迫切，感受到和氣大愛發揮關懷的重要。

課程結束後，我會利用時間把自己想要的生命模式建構出來，欠缺什麼，就補足什麼；優質什麼，就發揮什麼。用一個五行均衡的生命特質，來具足一位傳光人應該有的配備。

學哥要入夥 向六哥報到

班會裡大愛光老師搖身一變，成了同修更容易親近的六哥，我也是一位大學裡面的老師，我的班導生也常叫我「學哥」，原來這是一個如此殊勝的法慈場概念。

六哥加油！這條大愛光道路上，你一點都不會感到孤單的！我們一起加油！親愛的兄弟姊妹們，大家同心攜手入伙吧！大愛光祝福你！

筆落 2012 年 1 月 28 日 22:29:50

下載

楔子：班會後

結束三天的靈性圓滿班課程，學習使用五行運轉的架構，來更有系統地認識自己，進而可以明白過往自己的生命如何運轉，未來如何重新塑造新的生命模式，重要的是，如何下載並配備傳光人的重要生命元素。

課程中老師一再指引同修，找到自己最主要的能量系統，找到自己欠缺什麼生命元素，然後就下載該項元素。

第一天課程結束前，我在班中跟大伙一起煉和氣下載元素時，我心中想要下載的元素是「開放」，因為覺得自己的開放性不足，無法全面性溝通與接納，所以我想下載這個元素，以補足自己生命的缺口。

想下載什麼　就給出什麼

我自己對下載的概念，並不是真的是由法界下載什麼，而是先由自己給出去的想法。課程當天，我在自己的筆記本上，寫了二句話：想下載什麼，就給出什麼；在下載當下，就已經得到。

這是我對大愛光老師傳法的了解，所以當我在煉和氣下載「開放」這個生命元素時，我在心中想著一位我不能對他開放與接納的人。

我把自己想對他開放與接納的心意送出去給對方，當下

我的心，就感覺到這個元素源源不絕由靈心處灌進來。

想下載什麼，想得到什麼，就把這個想下載、想得到的東西，先送出去給別人，尤其是自己最困難給出去的對象，如此心的空間才會真正打開，心的空間才會挪得出來，才會有容受新生命元素進來的空間。

沒有想給，怎麼會得？沒有出去，怎會進來？這是一個能量流動的基本概念。不是下載什麼，而是給出什麼，在給出的當下，就已經下載了。

悶悶不樂 心不在裡面

自己為什麼還不夠開放呢？為什麼還會悶悶不樂呢？因為心不在自己的裡面啊！自己的心都給外在的人事境給絆住了，回不到自己裡面。你呢？生活裡還是不是會悶悶不樂？你都給什麼樣的人事境給絆住了呢？

自己用了一個簡單的五行作業圖來整理自己的生命模式，而這個五行作業圖可以再結合之前老師提到的生命藍圖，如此可以更有系統，更加精準看到自己的欠缺與特質。

這是我這兩天有空要做的一個課題，就是把五行作業圖與生命藍圖結合，試著提供一個方便同修操練的圖表工具。親愛的伙伴，大愛光祝福你！

筆落 2012 年 1 月 30 日 08:04:26

活動監獄

楔子：累

生活裡有時會感到身體不累，但心很累；有時會感到身體累，但心不累。到底這中間的差別為何？前面情況叫做「交換」，後面情況是「做自己」。

患得患失　肉搏戰

當我們活在一個交換的生命模式裡，一切都是用我們的付出來交換時，換到想要的就開心，換不到或是換到不想要的就不開心，這還是一個患得患失的遊戲。

講的更白一些，我們自以為是在付出，其實不是，我們有時還是在玩肉博戰，用犧牲的方式在付出，還是用各種不同的手段在交換而已。活在這樣一個以交換為主的生命模式裡，時常會感到人好累，而且是一種心的疲累。

一切為自己而做

當我們活在一個做自己的生命模式，可以選擇自己想要的模式，自在地大口呼吸時，我們清楚自己在做的每一件事情，一切明白了悟於心，我們的生命是有主軸的，不會被人事境給帶走，也不會陷在人事境裡面。

在這樣的生命模式裡，看似一切在為別人，其實一切還是在為自己，一切都是自己的需要，一切都是為自己而設

的。

　　不要停滯在為別人付出的想法中，因為我們是在為自己而做，一切所做所為都是為自己，也是應該做的而已。

活在活動監獄中

　　今早煉時大愛光老師指引，一個人如果時常悶悶的，整個人看起來就像是一座活動監獄，每一個來跟你互動的人，就像是來探監似的。

　　是啊！什麼時候，自己不知不覺就成了一座活動監獄，把自己關在這座監獄裡面，別人不就是來探監的嗎？什麼時候，我們才要把自己由這座監獄，從這個牢籠裡給釋放出來呢？

我是來做什麼的？

　　生活裡的一切都是交換來的，要記得這個交換的背後，不是只想用什麼來換得什麼，而是要找到自己存在的價值，明白自己是來做什麼的。

　　問問自己：我來這個世界上，是來做什麼的？

　　當我們可以做自己，可以選擇自己想要的生命模式時，就不容易感到心累，不會動不動就把自己給關起來，不自覺地就把自己變成一座活動監獄。

　　問問自己：我像不像一座活動監獄？是不是經年累月把自己關在裡面？

　　親愛的伙伴，當我們每天不停地忙碌時，可否在這些移

動的間斷中，看到自己是來做什麼的？有沒有好好活出自己的樣子？

　　如果你沒有活出自己，為什麼？是什麼樣的人事境阻礙了你？不妨花點時間，好好做這個課題。願你有一個平安的夜晚，大愛光祝福你！

筆落 2012 年 1 月 30 日 21:32:21

討愛

楔子：渴望

曾幾何時，我們內心非常渴望得到愛，不論是親情、友情與愛情的愛，我們曾如此渴望著，渴望久了也就轉變成了討愛，在我們身上慢慢出現跟人討愛的怪樣子，樣子變得好奇怪，不是嗎？

問問自己：我討愛的時候是什麼樣子？會不會很怪？我都跟誰在討愛？我在討什麼愛？到底渴望什麼？

當我們跟人討愛時，整個生命的主軸就移到我們想討愛的這個人身上，我們很堅持一定要由這個人身上要到某種感覺。為了要到這種感覺我們的言行舉止都變得怪怪的，我們變得不斷在要、不停在討，想得到內心的滿足感。

愛成恨 情轉仇

人跟人之間的情感，在還不懂得提昇到靈性之愛前，往往愛久了就會有情，但是到最後往往會變質，會變成想占有對方，想成為對方的唯一，如此就會生恨、生仇，所謂「愛恨情仇」。

在這條愛的路上，我是沒有資格來談論的，因為一路上就是跌跌撞撞，還在圓滿這個功課。

經歷了這討愛的苦痛與掙扎，沒想得到什麼樣的諒解，就在大愛光老師的智慧指引下，一路上先跟自己圓滿，再跟

身邊的一切生命圓滿。只要不為難自己，不放棄自己就好了，走到最後自然會圓滿。

觀照討愛的苦與掙扎

大愛光老師指引，要能觀照自己討愛時的苦，還有忍著不討愛時的掙扎。人往往就是這樣，討愛時會苦，不討則掙扎。

要能看見自己是怎麼在掙扎的，自己是怎麼在壓抑的，最後整個人變得麻木，不再對愛感到興趣，整個人變得沒有感覺，生命也退縮了。

慢慢我們把自己給關了，關在自己設定的牢籠裡，最終變成了獨行俠，我們對愛不再相信，一步步走到不信任愛的極端。

看 討愛

回頭看這一路的歷程，我們由渴望愛的這一端開始，經過這中間的愛恨情仇歷程，最後走到不信任愛的另一端。這就是我們的宿命軌道，無法向上提昇到靈性之愛，轉軌超脫自己宿命的安排。

大愛光老師指引：討愛是一種生命的歷程，討愛的本質是生命的火花，也是生命的動力。

因為我們的生命是活的，所以才會討愛，也因為生命有火花在，我們才會討愛。如果生命火花沒了，活力也就沒了，生命將不再溫熱，生命也就冷掉了。

我們因為不再信任愛，所以會壓抑自己，強迫自己對愛沒有感覺，把生命跟愛隔離了起來，讓生命變得沒有溫度走到盡頭。所以把生命壓掉，就是讓生命冷掉走到盡頭的慢性作法，是在慢性自殺。

只要我們的生命還活著，討愛就是正常的，因為每個人都有討愛的需求，不需要去批判討愛的事實，要完全接納自己討愛的本質，進而讓生命由討愛的層次向上提昇，這就是生命進化的過程。

你呢？還在討愛嗎？還在對誰討愛？討什麼愛？對愛還有渴望嗎？還是老早就把自己給關掉了？老早就對愛不再信任？對愛沒有感覺了？

愛是生命的火花，也是生命的動力，一個不再對愛信任的生命，就是死的。

把自己給放了吧！

告訴自己：把自己由監獄裡給放了吧！你是一個值得擁有愛的生命，你值得擁有生命裡美好的一切。

接上大愛光，走在大愛光道路上，就能慢慢將這份愛，提昇到靈性層次的愛，這才是真正的大愛圓滿。親愛的伙伴，祝福你擁有生命中美好的一切！大愛光祝福你！

筆落 2012 年 1 月 31 日 10:59:56

身教

楔子：禮物到了

生活就是如此可愛，我們永遠不知道下一刻會發生什麼？每一天都像在對樂透一樣，充滿著希望與驚喜；每一天也像在拆禮物一樣，不知道又會收到什麼。

部落格寫久了，有時候還是會收到一些不太友善的留言，這時候就是用來觀照自己的最佳時機，學習覺察自己的起心動念，學習轉化自己的生命模式。這些生命是在試我的水溫，在試我的水位，不是嗎？

以前看到這些留言時，心情很快就受到影響，尤其是一些匿名不負責的留言。以前的我，就是這個樣子，動不動就把部落格文章與留言給刪了，一次次把自己給關上。

現在再看到這些留言時，心情說不上百分之百的平靜，但慢慢可以接納這些留言，把這些留言當成是禮物收下，也不再回應這些留言，不隨之起舞了。

活人傳法：老師的身教

生活裡任何一次的互動，都是可以用來轉軌的契機，所以我應該要感謝這些生命，用這樣的方式來護持我，讓我的生命可以更快成長，可以更加往前進。這是我今天在收到負面留言時，內心浮現的一些感受，沒有不悅的情緒，就只是觀照自己。

這次參完靈性圓滿班，除了學習到課程中大愛光老師所要傳的法義外，最讓我印象深刻的，還是自己在大愛光老師身上看到的一切，讓我對老師有另一個層面的認識。

大愛光老師就是這麼一位平易近人的六哥，這麼一位心量廣大的靈性導師，這是在我身上所不具足的，自己還要再學習的地方。

課程中台下的我，專注盯著線上大愛光老師的面孔，當老師在面對喪親之痛時，竟然可以如此平靜且快速做出重大轉變。

將自己由老師的位置上，完全放低身段走下來，牽起所有同修的手，跟大伙結盟一起行走大愛光道路，這是兄弟法慈場垂降的可貴。

當大愛光老師在課程進行中，收到同修不太客氣的質疑，傾聽同修不同想法的提問時，在老師身上絲毫看不到半點的不悅，而是將這些質疑與提問，視為是在推自己的進度。

這是我在這三天課程裡最大的學習，這些是老師的身教，無法在課程講義的文字裡學習到。

批判的背後：渴望接到光

回應到此篇分享開頭提到的現象，自己的問題變得好渺小，也不再是問題了。自己領悟到每一個生命都是在用他自己的方式，在表達他自己的渴望，這是一份隱藏在責難與批判背後的渴望。

每一個生命都渴望接到光，每一個生命都已經在盡力做

到最好了。想到這，在自己眼裡所看到的，就只是這些生命的護持恩情，怎麼還會有對立的困擾呢？

　　生命根本不需要再對立了，我們都沒有太多時間了，生命只有攜手同心向前的目標。

　　親愛的伙伴，希望政學的文字，沒有對你造成過多的困擾；如果文字不小心傷到你，也請你見諒，我的發心是良善的，就只是單純分享個人的一些體會與感受。

　　感謝你一直以來的護持與包容。大愛光祝福你！

　　　　　　　　　　　筆落 2012 年 1 月 31 日 13:47:42

運將加油

楔子：無力感

早上立如松時，心中一直在想一句話：為什麼生活裡的無力感，都是衣錦還鄉的入口。

無力感來的時候，不論是什麼人事境物的無力感，都是運用所學法工具的最佳時機；無力感如果沒有處理好，就會讓自己一次次的關起來。

閉起眼想著此刻，在我自己身上的這股無力感，是怎麼在流動的。對人會感到無力，尤其是身邊親密的人；對事會感到無力，尤其是最想要做的事；對境會感到無力，尤其是無能為力的境；對物會感到無力，尤其是匱乏不足之物。

想想這一切的無力感，看看這生活裡的人事境物，其實也沒什麼不好。因為就是這些無力感，不斷帶著自己在絕路中開出一條條的生路。

那一個住在心裡的小可憐，等著人呵護的小男孩，在一次次的無力感中，學習承擔起自己的一切。小可憐懂得要自立，小男孩明白該長大，在光的祝福中勇敢面對。

運將大哥加油！加油！

生活裡我有好幾個角色，其中一個是運將大哥，常開著車接送不同的生命，客人不叫車子時，我還會主動把車開到客人家外面等，再問客人要不要搭車。我可以免費載送，只

要對方願意搭車上路，就好了。

有時候心裡會想，沒有人叫車子也很好，有時不想做生意也可以，就開著車載著自己，讓自己放空一陣子。

生活裡到底有多少比例，我是在做自己？有多少比例，我是在跟人交換？無力感的到來，不就是交換之後，隨之而來的疲累感？

我之所以還會累，就是因為自己還沒有超脫交換的層次，我只是在跟人交換，但並沒有把交換這件事，轉化成自己想要做的事。

我要學習的是，把運將大哥這角色，把開車載客這件事，轉化成真正想要做的事。即便沒有客人叫車，開著空車也沒有關係，因為路上總會有臨時需要用車的客人。

車開久了、人累了，就找個地方休息一下，今天不想做生意，就把空車燈關掉，不需要勉強自己載客，就好好跟自己在一起。

一定要到處招攬客人嗎？一定非要載到什麼人嗎？這些設定有時都是一種壓力，壓力久了就成了一種無力感。

快的慢的 反正都會到

其實每一個生命都有各自的功課，也都有各自的生命藍圖，他們不用一定要用搭車的方式到達目的地，他們也可以搭乘其他交通工具。

他們會自己想辦法的，我不用把這一切都扛在肩上。不同生命，有的快到，有的慢到，反正都會到，不是嗎？只要

適時提醒他們上路，也就夠了。

　　至於，他們要搭乘什麼工具上路，就讓他們隨順各自的因緣。親愛的伙伴，祝福你有美好的一天！大愛光祝福你！

　　　　　　　　　　　　筆落 2012 年 2 月 2 日 08:38:17

落羽松紅了

楔子：紅磚步道

今天的氣溫有點低，加上偶爾飄些小雨，四周的靜謐將紫屋妝點得格外清雅。整個早上就是整理落羽松種植區的紅磚步道，將步道上佈滿的雜草清除，讓紅磚可以露出臉來，指引我這個用路人踏好每一小步。

落羽松紅了 準備換春裝

住家的落羽松種了兩年多，現在都變得比我的身高還要高上許多，有些已經是小樹的樣子，就像聖誕樹一樣。

到了冬天整棵落羽松由綠色變成橘黃，再變成深紅，然後葉子脫離枝幹飄落到地上，把大地鋪上一條條紅色的地毯。

我偏愛落羽松，紫屋右側的空地，還有整個住家的外圍，大概種了一百棵以上的落羽松，有些是從小樹苗開始種，一年年看著樹苗長大成小樹。

記得剛來卓蘭整地種植時，住家附近的阿婆很好心，跑來跟我說，我種的一整片樹木都枯掉了，可以用什麼農藥醫治看看。

我回阿婆說：這是正常的。這種樹叫落羽松，到了冬天就會整棵樹變成這樣，樹沒有死，還活著。

立在屋前望眼過去，落羽松就這麼一棵接一棵，身上披

穿紅衣立在土地上，而且是非常筆直向上的，比我立如松時的樣子來得標準與堅定。

等這個冬天過去，退去一身的紅之後，乾枯的樹枝會再長出翠綠的嫩葉，因為葉子長得像羽毛的形狀，故名落羽松。此時整棵樹換裝為翠綠的春裝，屆時樹梢會再向上抽高，樹身會再向外增長。

山櫻粉墨登場　映襯元宵

最近卓蘭住家粉墨登場的是山櫻花，在這種寒冷的天裡，山櫻花的花苞一朵朵接連綻放，所以山櫻也叫緋寒櫻，是早春第一個報到的櫻花。

整棵樹的枯枝上，就這麼掛滿朵朵深紅的小燈籠，映襯著元宵的到來，遠遠望過去，是一幅好美的畫面。

住家種了上百棵的櫻花，一年年等著長大成樹，不同品種的櫻花，就由山櫻花領頭，依著時序一棵棵綻放。

有八重櫻、吉野櫻、墨染櫻、松月櫻、普賢象櫻、河津櫻、江戶櫻、紫櫻、香水櫻、楊貴妃櫻、福爾摩莎櫻等，品種很多寫不完，有些我可能也分不清楚了。

人與天地　四季循環運行

落羽松與櫻花是我種植最多的樹，我特別偏愛落葉植物，因為樹木隨著四季而有明顯的變化。有如人的生老病死，不同的成長階段，人與天地，隨著春耕、夏長、秋收、冬藏的循環而運行。

在這些樹木的身上，可以了悟到很多智慧的啟發。今天一整天就這麼除草，就這麼修剪，在寒冷的天裡，也可以把整個人弄得熱呼呼的。

想在卓蘭住幾天，就這麼靜靜的，清理著地上雜草，修剪著樹幹、側枝，也像是在沉澱自己、清理自己。

親愛的伙伴，祝福你可以帶著對生命的熱情，走過這有點低溫的天氣。千萬別讓自己失溫！大愛光祝福你！

筆落 2012 年 2 月 3 日 17:46:02

真人在家嗎

楔子：心法伴我歸

這是一次很特別的經驗，幾乎沒有休息地開了三百多公里的路，只有一個目的地要去，沒有哪裡要去了，也沒有哪裡想去了。

路上往來的車潮，急閃而過的車燈，在一片黑夜中，大愛光老師的心法指引 CD，就這麼一路伴隨著。心法一遍遍聽著，每一次聽都會有不同的感受；誰說心法聽過一遍後，再聽就會沒味道呢？一遍遍重覆聽著，一次次向內叩問。

車伕成主人 演不下去了

這個開著車的我，頂著一個叫做楊政學的身分。終其一生，就為了這個身分打轉，所有的愛恨情仇就這麼圍著繞啊！

在這車子的後車廂，坐著一位真主人，而這位真主人，就被開車的車伕載著四處轉。車伕成了真主人，就這麼以假亂真地過日子，活在過去戲碼裡，重覆著相同情節。如今這一切都演膩了，也不想再演了。

是啊！現在所經歷的一切，都是過去未完成。現在之所以還會再經歷，還要再經歷，就因為過去還沒有完成，不是嗎？問問自己：我開始活現在了嗎？還是一直在活過去呢？

倒果為因 顛倒眾生

現在的發生，都已經是「結果」了；想扭轉這個結果，在發生裡面用盡心思，也沒用啊！要能回到「原因」上面，找到之所以還會發生的原因，真正去除原因，如此才能真的改變結果。

眾生，之所以叫做「顛倒」眾生，就因為倒果為因，拿著不想要的結果拼命想改變，卻不願意面對真正的原因。想要有好的結果，卻不願意好好修，不願意徹底轉軌翻身，不是顛倒，是什麼呢？

叩叩我的心 真人在家嗎？

閉起眼睛，在心裡問著自己：我是後車廂裡面的那一位真主人，還是在駕駛座開車的車伕呢？我有開始在活現在了嗎？還是依然在活過去呢？

我在面對生活裡的發生時，可以看見這已經是結果了嗎？我是倒果為因的顛倒眾生，還是慢慢可以看見原因了呢？

感謝這一趟有點遠的路，讓我有機會這麼長時間跟自己在一起，在黑夜中開著車，心裡反覆想著這些提問，不斷地叩問自己的心。這是一次很有趣的經驗。

以上是今天的分享，也談不上什麼分享，就當成政學在對自己喃喃自語吧！親愛的伙伴，祝福你有美好的一天。大愛光祝福你！

筆落 2012 年 2 月 6 日 11:32:32

賴著不死

楔子：傳光人停電了

今天一整天下來精神很差，身體變得好重，左後腦還是隱約發出微微的痛，感覺整個人累了，狀態一直在向下掉。

加上心裡自責的能量一直上來，把自己的一道道門給關上了，自己到底要怎樣？好久沒有這種感覺了，一點都沒有傳光人的熱情，像是沒了電的停電人，完全失去前進的動力。

想用書寫文字的方式幫自己「輸血」，重新找回失去的活力，讓文字去梳理內在混亂的能量，這是我個人的方式，想為自己的生命想辦法。

可愛的熱帶紫丁香

昨天卓蘭紫屋天氣很好，甚至有點炎熱，看到斜坡上前幾天被我移植過去的幾棵熱帶紫丁香，被陽光曬得整株葉子都垂了下來，像是一個個垂頭喪氣的生命，就剩還沒有完全枯萎而已。

熱帶紫丁香之所以把葉子垂了下來，是為了減少水分散失，甚至不惜以落葉來爭取水分，這些生命不是活得垂頭喪氣，不是賴著不死，而是用這種自我保護的方式，想要好好活下去啊！

這些可愛的熱帶紫丁香，是我由池邊那一棵母株扦插而活的樹苗，母株倒是活得很好，在陽光中一直挺立而上。

看到熱帶紫丁香這個樣子，心裡急但不能馬上澆水，因為天氣還是太熱，澆水反而會傷到樹根。於是等天色稍為暗下來，氣溫降下來之後，趕緊幫這幾棵熱帶紫丁香澆些水。

過了一陣子，天色近全暗的時候，就發現這幾棵樹苗的葉子完全挺立了起來，不再是垂頭喪氣的樣子了。

不是賴著不死 是想好好活下去

這幾棵熱帶紫丁香好可愛，這些生命在教導並啟發政學，在為我加油打氣。這些樹苗不是賴著不死，而是想要好好活下去啊！

這陣子自己活得有點無力感，但還是帶著自己寫分享，寫得不夠清明沒關係，繼續寫下去。這幾天感覺自己慢慢關了起來，但還是帶著自己立如松，站不久、站不下去，沒關係，就是站下去。

心裡吶喊著：我不是賴著不死，而是想要好好活下去啊！我想要好好修煉自己，想要能夠行願助人，這一生想要可以轉軌重生。

有時人累了，就讓自己休息一下，讓自己放空一陣子；無力感出現時還是把自己掛著，掛在自己殘缺不全的中軸上。

這看起來要死不死的樣子，不是賴著不死，而是想要好好活下去。

太陽下山了 包伏放下吧！

　　感謝這幾棵樹苗為我說法，這些樹苗尚且知道好好活著，何況是一個來得不易的人身，一個有著萬物之靈的生命呢？

　　打開閉塞的心，就能在大自然裡找到智慧。千萬別再怪自己了，把那些扛在身上的無謂自責與包伏放下吧！

　　太陽快下山了，想著卓蘭斜坡上的那幾棵熱帶紫丁香，今天又是炎熱的一天，不知道這些樹苗是否安在？想必在艷陽下，葉子一定又是垂了下來，但夜裡又會靜靜地挺立，堅定地立在天地間，為好好活下去而努力。

　　親愛的伙伴，讓我們好好活下去，我們不是賴著不死啊！大愛光祝福你！

　　　　　　　　　　筆落 2012 年 2 月 6 日 17:42:55

心情札記

讓自己一直都在

第 **4** 幕

我這樣
你還修嗎

我是修得不好，我是煉得不夠，我是行得不足，我是願
得不大，我完全接受目前自己的樣子，我不想花力氣去
否定現況，更不需要一味自責與逃避。就是：跟著走，
照著做，一定成。

寫分享 誰的事

楔子：課程公告

早上看到今年最新的課程公告，其中，原訂三月一日啟動的十週傳光人班，順延到四月底開課，這消息讓我有點失望。

雖然我已經參過該傳光人班會，但心裡明白有好多生命刻正等著進班接光，大伙等著三月一日開課，也等著符合資格來展開今年後續的系列課程。

時間往後延到四月底，這些等著接光的生命，一定也好失望。相對後續的系列課程，有些也會因此而錯過，無法即時符合參班資格，又要再等到明年開課才能參班，或許有些生命就這樣掉了，就此錯過進班接光的時機。

我想大愛光老師及各級導師的心情跟我一樣，都很渴望早點接引新的生命進到大愛光裡面來，中心會有這樣的調整與安排，一定有整體課程規劃的考量，個人完全不解，也只能接受，再跟那些等著進班的朋友說明。

寫分享 是誰的事

以前在部落格上面寫分享，是一件很隨性快樂的事情，不用管文法通不通，不用管用字準不準，想怎麼寫就怎麼寫，也不會有人幫忙校修。因為這一切，就只是個人的隨筆手札，就只是心情日記，完全由自己負全部的文字責任。

但是隨著一次偶然的因緣，轉而刊登到和氣大愛電子報與學員班訊息之後，傳導師也鼓勵我將分享的內容，持續刊登到電子報與學員班訊息，以帶動同修寫分享的風氣。

我也認同這樣的想法，所以就一直寫到現在，已經寫了一百三十多篇了。從此，寫分享這件事，不再只是我個人的私事，而是另一個層次的公事。

既然要做這樣的一件事，當然一切就得依中心規定的流程來走，過程中會有好幾校的修訂，還要考量內容適不適合同修看，這樣的結果不是我原先預期的，一直在觀照內心感受的微妙起伏。

其實這流程走起來也很順暢，協助校修的各級導師很護持政學，也很用心校修，希望讓這些文字可以更加精準到位，我自己也是從中受益良多。

有的掉了 有的來了

幾個月下來，閱讀我文字分享的對象，慢慢由我的學生及朋友，轉變為大愛光道路上的同修，有些學生與朋友掉了，有些同修與新朋友來了，這得與失之間很難看清楚。

另外，對於文字的使用，慢慢由感性部分轉為理性，由靈魂層想要進化到靈性層，當然我的文字離靈性層還有好長的一段距離，但總是一個值得努力的目標。

我是一個隨性、散漫慣的人，要我乖乖聽話照做，有時是很困難的一件事。在我面對不同讀者身分的轉變，不同調性文章的調整，不同平台流程的校修，這些轉變與調整，說

不上不願意配合，但就是少了點東西。

不變的是：助人的心

這中間唯一不變的，是我內心那一顆想要助人的心，想要透過自己的文字分享，來感動更多的生命，來接引更多尋光客，所以在面對這些轉變與調整時，就是好好接受，也不會有太大困擾。

想接引生命進班接光，想分享文字感動生命，想修煉自己行願助人，這一切的本質，是我最在意的部分，其他的枝節都不重要了。

外頭還是下著雨，想起卓蘭斜坡上的那幾棵熱帶紫丁香，一定被老天澆灌得非常幸福。葉子不用低垂下來，以減少水分的散失，可以將葉子挺立上來，將樹根往下扎，盡情成長不受限。

親愛的伙伴，祝福你有美好的一天！大愛光祝福你！

筆落 2012 年 2 月 7 日 08:47:17

還要再去的地方

楔子：還要再去

　　我們為什麼還要再去呢？還要再去幾次呢？那些我們還要再去的地方，是什麼地方啊！早上送完小兒子上學後，返家打逐字稿，打累休息一下，到樓下泡杯咖啡給自己。

　　大兒子起床後，異常地換好外出的衣服，撞見我由樓上下來，神情變得有點不自然。我當然明白這孩子要做什麼？但我的心很平靜。

　　我問他說：你要出門嗎？還要去網咖玩電動嗎？他回我說：我沒有要出去！我再問他：那門口地上，那個包包是什麼？在家需要換外出衣服嗎？為自己看點書吧！

網咖：孩子還要再去的地方

　　我明白這孩子在騙我，他昨天沒去網咖報到，對他來說，已經不錯了，算是給父母交待了。

　　網咖這個地方，就是他還要再去的地方，他只是暫時給我交待，應付我這個父親一下，他在等我什麼時候出門，他就可以跟著出門。

　　這孩子由住家出去，要走約半小時的路程，到了街上再搭公車到新竹市的網咖混一天，天再冷，還是要去，不知道還要去幾次。

　　我跟孩子媽媽，只能耐心候著他醒過來，用責罵的說教

方式，對這個孩子沒有用，不像小兒子，可以用較嚴厲的方式來帶。

我還要再去的地方呢？

你呢？你還要再去的地方，是什麼地方啊！為什麼還要再去？什麼時候不再去了呢？你是不是用了很好的理由，在為這個還要再去的地方妝點與包裝。我呢？我一直還要再去的地方是哪裡？為什麼還要再去？真正的理由是什麼？

那些我們一直還要再去的地方，那些我們一直還要追求的東西，就是我們還沒有完全清醒的部分。我們每個大人，都像我的大兒子一樣，只是大人比較高明，比較會偽裝而已。

我們追逐的東西，跟孩子去網咖玩電動，有多大的不一樣？不就是玩法不同嗎？一樣是還要再去，一樣是還沒清醒。

陪伴與關心 守候著孩子

晚點出門到市區買一個手錶，讓孩子媽媽帶去加拿大給女兒用。你相信嗎？等我再回到家的時候，大兒子如果可以不出門留在家裡，那麼就是一個奇蹟出現的開始。目前自己能做的，就是陪伴與關心，然後守候著，在心裡祝福這個孩子。

親愛的伙伴，今天用過去的書寫方式分享，就只是隨筆日記，就只是心情分享，放輕鬆點看，在文字裡遇見真實的自己。

問問自己：我還一直要去的地方是哪裡？這個地方，不是外在世界的某一個景點；這個地方，是我們內心世界的一個渴求。一個還在追逐，心念還在驛動的地方。

細細覺察，慢慢觀照自己的起心動念，就會明白自己到底怎麼了？祝福你有美好感動的一天！是政學老師，也是政學師兄。祝福你！

筆落 2012 年 2 月 7 日 08:47:17

你網咖 我牽纏

你網咖 我牽纏 互修學分

今天故事的續集，接著是這樣演下去的。大兒子沒等我中午出門，就先溜出去了，比我預期得還要早。看來網咖這個地方，是他目前還要再去的地方，而且在他身上很有毅力。

這股毅力是我從來沒在他身上看到的特質，或許網咖，是他目前人生階段要修的學分，而我對孩子的牽纏心，則是我要修的學分。

買錶 寫信 思念與祝福

下午去了趟新竹市區，挑選了一只手錶，請託孩子媽媽明天帶去加拿大給女兒用。我挑了女兒最愛的紫色錶面，不知道女兒手腕大小，請店員充當一下，剪掉了三節錶帶環扣，大小應該就剛好。

同時挑了信紙，親筆寫了一封信給女兒，告訴她一些心裡話，表達我對她的思念與祝福。這是我目前能做的，而且做起來很開心。

剛才接完小兒子放學後，把手錶交給孩子媽媽了。如果時間可以，明天就送她去機場搭機，一個上午，勾起了一段父對子的掛心；一個下午，牽起了一段父對女的思念。

這一份父親對子女的掛心與思念，不就是每一個為人父母的牽纏心嗎？但是在我身上流動的，是一股淡淡的平靜。

斷孩子牽纏 我的必修學分

我好像可以平靜地看待這些有點難的功課，我的孩子各自修著自己的學分，不論是大兒子沉迷網咖或女兒出國唸書。

當父親的我，如何接納且放下自己，倒成了我需要好好去修的學分，而且是必修學分，修不過就重修再來。

突然好想你！突然想起好多已經不在我身邊的人，在想起的這個當下，沒有太大的情緒起伏。反而是在心裡面，想起這些人的可愛樣子，送光給這些生命，政學會永遠祝福著大家！

親愛的伙伴，你是不是也想起了一些人；想起這些人，有點熟悉又陌生的可愛樣子，就把你的祝福，送出去，送給這些可愛的人，祝福他們！

筆落 2012 年 2 月 8 日 17:54:07

我這樣 你還修嗎

楔子：牽纏…

我不清楚有多少人像我一樣，對自己的孩子有著百般的牽掛，但就是一點都使不上力，這一股無力感始終跟著我，讓我一直回到自己的內在，不斷地探問著自己。

我，一個很平凡的生命，走上了大愛光道路，也努力在修煉自己，有機會也是跟著行願，用心用文字寫著分享。用寫分享的方式來回報所有護持的恩情，而寫分享也是我目前時間上比較能做的事。

每天我就是看著中輟在家的大兒子，沒有生命主軸地沉迷在網咖中，我明白他心裡也不想這樣，但身上的慣性與習氣一直拖著他。他就是還要再去，一直要去，想到網咖控制不住就往外跑。

我這個父親修得不好、煉得不夠，沒有能力靠著自己的修煉行願來影響這個孩子，有時候還會自責到提不起精神，也會不想用文字寫分享，因為一個這樣的父親，有什麼資格告訴別人，如何走上修煉行願的道路呢？

政學！孩子這樣 你還修嗎？

如果你跟政學一樣，有著相同的感受，雖然一直在修煉行願，但是身邊的家人沒有太大的改變，例如，我的孩子這樣。

不管我如何苦口婆心、動之以情、好言相勸，甚至怒言相向、大打出手、失望冷漠，但是我的孩子還是沒什麼改變？問問自己：我還要修嗎？我還走得下去嗎？下一步要怎麼走呢？

有人問我：政學啊！你一直用文字分享自己的生命故事，一直很用心想要接引更多生命接光傳光，但是你連自己的孩子都改變不了，你的孩子還是沉迷網咖，還是不清楚要為他自己負責任。

請問：你到底在修什麼？你的修，都修到哪裡去了？你還有什麼臉繼續在這裡寫分享？

你知道嗎？當我聽到這些提問時，心裡有多難過？這些都是很好的提問，說的也都是事實，問題是，我要怎麼面對呢？

其實我要面對的，不是這些提問題的人，而是我自己，我要如何過自己的關卡呢？我還修嗎？還走下去嗎？還寫分享嗎？我有什麼資格？

我就是要修 跟著走 照著做

當我靜下來的時候，這些提問就會不斷出現，深深叩問我的心，我要如何面對？我內心吶喊著：當然要修，當然要走下去，當然要繼續寫。

我是修得不好，我是煉得不夠，我是行得不足，我是愿得不大，我完全接受目前自己的樣子，我不想花力氣去否定現況，更不需要一味自責與逃避。就是：跟著走，照著做，

一定成。

　　越是阻礙我修，我就修得更好；越是不讓我煉，我就煉得更夠；越是阻礙我行，我就行得更足；越是不讓我願，我就願得更大。

　　在這過程中，我要先過自己的關，這個關就是放下我對孩子的牽纏心。不論是對孩子的掛心或思念，都是牽纏啊！

修學分：孩子的網咖　我的牽纏

　　我的大兒子在修他的網咖學分，而我在修我的牽纏學分。他在幫我推進度，而且是每天親自在幫我推進度。

　　他每天就活生生出現在我面前，用他現在的這個樣子，在告訴我：老爸！您看！我這個樣子，您還修不修？您還走不走大愛光道路？您還寫不寫分享？

　　唉！這孩子不就是在幫我推進度嗎？這孩子不就是在為我化懷疑嗎？這孩子不就是在助我不退縮嗎？

　　他其實是在問我：老爸！您是玩真的？還是只是玩票而已。

　　不知道為什麼？文字落到這裡的時候，淚水一串串由眼眶裡滑了下來。我一點都沒有怪這個孩子，心中沒有恨鐵不成鋼，反而有著無限的感恩。

懂得放下　對孩子的牽纏

　　我跟孩子的媽媽，心裡好像都有一份這樣的了解，就是候著這個孩子，盡量陪伴與關心，然後在心裡送出祝福，給

出一份父母對自己孩子的無限祝福！

　　親愛的伙伴，我不知道自己是不是有資格寫分享？我只是想用文字跟各位分享，一個失敗的父親，一個不成材的大愛光弟子，一個想轉軌的生命，一份心中真誠的感受，請你接納政學的分享，好嗎？

　　祝福你有美好且感動的一天！大愛光祝福你！

筆落 2012 年 2 月 10 日 11:51:10

法脈孤兒

楔子：參班去了……

昨天早上開車前往台中東海慈場參光體升級班，沒能參加早上五點慈場的晨煉，在家想上網連線也沒有成功，當然就錯過晨煉時老師的指引。

心裡感到有點可惜，但也只能接受；畢竟自己身邊還是有些需要圓滿的責任，一切隨緣了。

傳光體，是大愛光老師將過去一年修煉弘法的結晶體傳給同修，是幫同修原本的和氣體再向上升一層級，是一個很殊勝的班會，一年只有一次的機會。

老師指引：相應我的牽纏心

隨著班會的進行，讓自己更明白光體的意涵。因為心裡一直掛著大兒子，所以隨著班會法流的進展，心裡不斷地觀想大兒子的樣子，也幫他請和氣照顧，甚至在傳完光體後，還是在靈心處想著他的樣子。

這是我這樣的一位父親，昨天在班會裡能為孩子做的。

在大愛光老師的指引裡，有三個部分讓我特別有感觸，剛好也回應到我參班之前的內在狀態，更是回應一位父親對兒女的牽纏心。

法脈孤兒：對參班與開班的反省

首先，大愛光老師說到，同修越是精進參班，越是製造出更多家庭的法脈孤兒，因為同修的時間都用來參班求法，家庭那個區塊就無法顧及。

所以，思考日後開班時，如何針對家庭成員均可參班的方式來規劃，讓一家人同時參班，可以照顧到同修的家庭成員。

定義同修：願意同心攜手的伙伴

其次，大愛光老師針對同修的意涵，做了很明確的定義，希望能夠真正找到有心走大愛光道路，願意同心攜手、修煉行愿的伙伴，而和氣大愛也應該將資源優先用來照顧這樣的同修。

同時也期許整個導師體系可以更加具體運作，而傳導師可以各自獨立發展，以不同光塔的運作來定點深耕，而且向下生根。

堅持道心：當老師與父母的兩難

最後，大愛光老師有感而發，提到一位好的老師，往往是一位不及格的父母。有時候走上這麼一條修煉行愿的道路，是需要堅持與傻勁的，甚至是犧牲掉陪伴家人的時間，錯失渡化家人成為和氣大愛同修的時機。

我這樣 你還修嗎？

在台下的我，傾聽著這一切，內心有無限的感觸，如同我在上一篇文章提到的「我這樣，你還修嗎？」這句話其實有兩個意義：

一個，是我在告訴旁人：我修成這個樣子，家人都沒有照顧好，也沒有接引他們進來成為同修，看在眼裡的你，還會想要修煉行願，想要走大愛光道路嗎？

另一個，是家人在告訴我：我變成現在這個樣子，我並沒有因為你的修煉行願，而讓我的生命有所改變，你看到我這個樣子，還會想繼續修煉行願，繼續走大愛光道路嗎？

這一切是在考驗我們，可以堅持道心走下去嗎？

如果走到最後，我們原本珍愛的一切，都變成了空無，我們還走得下去嗎？

有機會問問自己吧！我準備好了嗎？親愛的伙伴，大愛光祝福你！

筆落 2012 年 2 月 13 日 10:53:21

完美人「七」

楔子：起霧了

　　早上載孩子上學時，整個住家的社區就籠罩在一片白色的濃霧裡面，車子開得特別緩慢，打著頭燈在霧裡行駛，有一種特別夢幻的感受。

　　是啊！就是這種身上的感受，累堆成身上的一份特別情感，一份只屬於自己內在的情感，這份情感就漫步在這層層的白霧裡。

有感有動　才會活化

　　記得在光體升級班會裡，唯一投射出來的八個字，就是：「寂然不動，感而遂通。」

　　我還不完全明白這八個字的真正意涵，但自己從字面上的體會，可以隱約感受到生命要有感有動，才會活化。生命因為有所感動，才會真正想要改變，而當生命感動之後，就要學會去感謝。

四感：感受　感動　感謝　感恩

　　生命由「感受」開始，進而產生「感動」而願意行動，真心想要改變，接著懂得「感謝」一切，最後是「感恩」天地萬物。這是一個生命的流程：感受、感動、感謝與感恩，我暫且稱之為「四感」人生。

感謝是讓生命豐足的最佳方法，當我們想要某一樣東西時，就先對那一樣東西感謝，而且越是感謝，來到我們身邊的就越多。

班會中團煉時，我跟一群導師及同修，大伙高聲齊喊：我要金磚、我要銀磚！好好玩！因為大伙覺得有了錢，可以在和氣大愛做更多的志業；我們對金錢是感謝的，而且想用錢去做更多有意義的事情。

越是感謝 越是不缺

依循這個法則，當我們欠缺某一樣東西時，就先對那樣東西心生感謝。如果可以的話，盡可能再給出那一樣東西，如此我們欠缺的那樣東西，就會慢慢回到我們身上，補足我們原有的欠缺，而且隨著感謝的心，回來的就越多。

給出去的越多，得進來的越多；生命越是感謝，越是通暢，越是不缺。

三承：承認 承擔 承諾

文字落到這裡，回應前面提到的四感人生，我們的生命在有此認知之後，就要開始進入轉化的階段，進入到一個所謂的「三承」人生：承認過去、承擔現在、承諾未來。

好有趣，四加三等於七，完全契合大愛光的七階法則，這就是一個新生命開始運作的流程。四感加三承，等於是人生的七階，這是政學自己隨性取的，大伙看看就好。

生命因為有了感受，而有感動，學會感謝，懂得感恩；

進而願意承認過去，承擔現在，承諾未來。

完美人「七」：四感加三承

問問自己：我的生命有感受嗎？有感動嗎？會感謝嗎？會感恩嗎？再問問自己：我對過去的一切，開始承認了嗎？我對現在的一切，願意承擔了嗎？我對未來的一切，懂得承諾了嗎？

親愛的伙伴，讓我們對過去承認，對現在承擔，對未來承諾。我們一起承諾自己要好好當一位傳光人，承諾一生走在大愛光道路上，承諾用身上全部的可以來成全他人。

這是一個生命的感動，一個人生的圓滿，一個通貫天地的中軸，更是我的完美人「七」。

今天剛好是西洋情人節，願天下有情人終成眷屬，政學謹以這篇「完美人七」，跟各位好朋友分享，祝福你有美好且感動的情人節！大愛光祝福你！

筆落 2012 年 2 月 14 日 09:00:26

想要跟你飛

楔子：懷念鳳飛飛

這幾天只要打開電視，不難感受到好多人對鳳飛飛的懷念。這是一個由璀璨中退下繁華的生命，這是一個由平凡中走出不凡的靈魂。

對我這個五年級生來說，在我的求學及成長的過程中，對鳳飛飛有著好多的美好回憶。她唱的歌，曾經陪我走過好多歲月。

在情人節的這一天，找到她最後專輯裡的這一首「想要跟你飛」，聽著歌聲，看著歌詞，我完全可以連接到歌詞中所要表達的情感。這是一個對其最愛的人的無限思念，有著對生命中不完美的放下與感謝。

跌撞與缺憾　護持大恩情

在這條情感的路上，我一直是跌跌撞撞的，然而這些跌撞與缺憾，都是護持的大恩情。沒有走過情感這條坎坷路，沒有流過那些無數的淚水，不會有現在的我，我也不會有現在的了解。

這是我這個生命的流程，一段不得不經歷的流程，十八年，一段不算短的時間。

政學不想再多寫任何文字，就讓我們靜靜地隨著歌聲，專注感受一個動人的時空。

送光給我們最愛的人

此刻的你，想到的會是誰？

有可能是你的愛人，但已經不在身旁；有可能是你的家人，但已經不在人世。祝福這些我們最愛的人，送光給他們！

也祝福全天下有情人，可以終成眷屬。想要跟你飛，飛到任何有你的地方，到哪裡都很好。祝福你每一天都是情人節！情人節快樂！

筆落 2012 年 2 月 14 日 13:38:06

沖喜 沖洗

楔子：新竹慈場辦喜事

昨晚是西洋情人節，對新竹慈場來講，是一個辦喜事的大日子。大愛光老師親自到場祝福這一對新人（振鵬與佳佳），新人同時也是和氣大愛的同修。

所有到場的師兄、師姊，大伙都換上便服、開心出席，大愛光老師中途還離開到樓下的慈場連線，依然還是上線指引原訂週二晚上的學員班會。大愛光老師的認真與用心，看在同修的眼裡，真是令人感動。

靈性伴侶法慈場垂降

整個婚宴的場面溫馨與感人，大愛光老師當場傳授靈性伴侶之法，祝福台上的十二對老少夫妻或情侶。我不在這十二對登台的組合裡，但也跟著青年團同修與兩位主持的師姊，一起圍成一個大圓圈，共同護持這十二對夫妻或情侶。

身為一位弟子的我，一直有個觀念，就是只要大愛光老師怎麼說，我就照著做。因為當下如果沒有照著做，沒有跟著操練，老師要傳的法，就會漏接了。

所以，當大愛光老師邀請現場的夫妻或情侶，可以一起上台接受祝福，也請青年團師兄姊到台下護持時，我雖然是單身一個人，也不是青年團成員，還是跑到台下，一起護持台上的這十二對佳偶。

我明白大愛光老師就要傳法了，我要趕快接法，因為稍微遲疑，或是不好意思出去，就會錯過接法的最佳時機。這是我身為弟子的心態，用心做到敬、順、一；做不好，就馬上修正，再做一次。

要抓緊 我快飛起來了

在台下的我，兩邊各自牽著伙伴的手，恭聽大愛光老師的祝福法語。當我閉起眼睛，隨著老師的法語，在內心觀想自己想要祝福的對象時，感覺整個人浮了起來。我開玩笑跟旁邊的師姊說，我快飛起來了，要抓緊我一些喔！

垂降的法慈場力量好大，尤其是在參完光體升級班會後，在我身上光體浮升的感覺特別明顯，這是我參班回來之後，身上一直有的感覺。

是沖喜 也是沖洗

昨晚的婚宴，其實是在幫我們的靈性生命沖喜，也是在幫我們的光體進行沖洗。如同大愛光老師指引「光體升級、濁陰褪盡、兄弟姊妹、融為一體」，這也是今年啟動的同心攜手修煉行願的主軸。

感謝並祝福這對新人，讓大愛光慈悲垂降了靈性伴侶之法，讓更多夫妻與情侶，能成為真正的靈性伴侶。也讓所有與會的親友與同修，同時感受沖喜與接受沖洗，把身上過往的濁陰褪盡。大愛光祝福你！

筆落 2012 年 2 月 15 日 08:51:36

你是學什麼的

楔子：要開學了

下週一要開學了，手邊有些東西等著整理，包括下學期授課及企業教育訓練的課程資料，人是有點需要切換一下頻道。

由書寫和氣大愛的修煉與體悟，切換到講演企管實務的學理與運作。這個切換的動作，對我並不困難，我原本一直如此。

政學！你是學什麼的？

自己常開玩笑說：我是一個不務正業的人！因為過去接受的專業教育，跟現在在做的事情，差別很大。

所以每當有人問我：政學！你是學什麼的？我總是要想一下，然後慢慢回說：我過去學的是經濟模型分析，現在做的是企業倫理教育，未來走的是大愛光道路。

東學 西學 都不是

我的專業是經濟分析，是做量化模型的推估與預測；這十多年來，則是做企業倫理教育的推廣與落實。在校園與企業裡面，就是不斷宣導企業倫理的價值，是偏向質化的引導與啟發。

由量化研究到質化教學，是完全不同的兩端，如同我的

左右手，可以握鋼筆，也可以拿鋤頭；可以寫論文，也可以寫札記，不斷遊走理性與感性之間，扮演不同需求的角色。

這一切不過是不同面向的呈現，而我到底是誰？我又是學什麼的？好像什麼都有涉入，又好像什麼都不專精。不到一年前，偶然走進和氣大愛，慢慢感到這一切在重新歸零中，重新回到內在的核心裡面。

我是學「重新做人」的！

現在，如果有人問我：政學！你是學什麼的？我只會回答：我是學「重新做人」的！就只有這唯一的答案：我是來學習如何重新做人的啊！而且現在的我，「正在學」習當中，所以我叫政學！

過去所學習的專業知能，過往所經歷的一切發生，現在所面對的人事境物，都成了讓我學習重新做人的配備與材料。慢慢地，眼裡看到的，跟以前有點不太一樣了。

明白人生是一場接一場的戲，以前常常不自覺就入戲，而且入得很深，現在懂得提醒自己，這只是短暫同台共戲的緣分，也明白要珍惜且演好戲裡的角色。

以前在課堂上，我問過學生一個問題：如果這輩子，只能學一件事，請問你們會想學什麼？你自己呢？你會想學什麼？有機會想想這個問題。再問問自己：那我現在所有的心力，有花費在這件事情上面嗎？為什麼沒有？

從小到大，父母與師長就教我們做人的道理，當然是所謂的社會道德框架那一套，姑且不論其合理性與適切性，就

以我們的個人價值來看，我們有做好自己嗎？有成為自己最想要成為的那個我嗎？還記得那個最想成為的自己是什麼樣子嗎？

不做：假人、墊檔人、停電人

很多時候，我做的不是自己，我不是自己生命的真主人，我只是做外在的那個「假人」，繞著一個叫楊政學的人轉啊轉，轉出一堆的愛恨情仇，而忘了內在真正的自己。

更多時候，我成了「墊檔人」，常常就是在墊別人的空檔，淹沒在一堆零碎的瑣事裡面，失去了生命的主軸，配合著別人的需要來活著。

有的時候，我也會變成「停電人」，帶著沉重的自責感，不斷地打壓自己，讓自己變得沒有感覺，生活失去了感動，生命不再有活力。不論是假人、墊檔人或停電人，這些都是我演過的角色，也是我以為我在做的人。

原來我做的人，都不是我真正想要做的人，所以現在開始學習如何重新做人，而重新做人，這一切的開始，就是一心向內，不斷向內探問，一直向內叩問內在的真主人。

我是學什麼的啊？我是來做什麼的啊？我每天的心力都花在什麼事情上面？我活得快樂嗎？為什麼不快樂？為什麼不讓自己快樂呢？

親愛的伙伴，祝福你可以好好重新做人！願你每一天都活得快樂！大愛光祝福你！

筆落 2012 年 2 月 17 日 10:16:34

旋轉門

楔子：來到家門口

　　清晨的卓蘭住家，外頭的冷風迎面吹拂而來，特別感到有股寒意；倒是冷風瞬間趕走身上的睡意，讓整個人變得更清醒。

　　在紫屋四處走走，望著枝頭上的串串櫻花，在冷風裡更加綻放。繞了住家農地一圈，來到家門口，就立在門口，望著門，就這麼深情望著。

　　心裡在想：什麼是門？門是用來保護的，還是用來阻隔的？我想兩者都是吧！就看自己怎麼想了。門的裡面，門的外面，到底是什麼樣的風景？沒進門去裡面看看是無法體會的，但要如何進門？要如何入內呢？

門：路的入口 中間有軸

　　常聽人說：你如果不懂得要敲門，上帝是不會給你開門的。但是你知道嗎？往往有的時候，在門裡面是不會有人等著幫你開門的。我們光只是不斷地敲門，等著別人來幫我們開門，門還是一樣不會打開的。

　　這道門，其實也是路的入口；這道門，其實中間有個軸，這是一道旋轉門。光是用敲的，旋轉門是不會開的，而是要用推的，用力一推，門就開了。

　　我們以為這道門擋住了路的去處，以為這道門擋住路的

入口，殊不知這是一道旋轉門，只要用點力推門，整個人就會翻門而入，就是用點力推門啦！

門：用來引路　裡面有路

原來這道門不是用來擋路的，而是用來引路的。這道門立在那裡，在告訴我們：裡面有路喔！裡面是一條生路，是一條大道，是一片空谷，是整個大自然。

問問自己：我到底要當入門的人，還是要當守門的人？我到底是要入門當個引路人，還是要在門口當個擋路人呢？

入室門不明　真人道不通

當我們慢慢學會如何推門，學會如何入內時，才能跟門裡面的一切融合，成為這空谷大自然的一部分。不進門，不入內，一直待在外頭，也不是辦法。難道就這麼一輩子候在門外，到頭來還是一場空嗎？

這有如大愛光老師指引「入室門不明，真人道不通」，難道就這麼不明、不通，就這麼在門外活過一生，到頭來還不知道要推門入內嗎？

這是在講給我自己聽的，一個候在門外，等著入內的生命；一個好不容易進入，一會兒又出來的生命；一個不斷學習如何再進入，覺察何時又出來的生命。

一會兒進　一會兒出　本無分別

就是這一道旋轉門，當我貼在門板上，用力一推就翻門

入內了；但一不小心，忘了離開門板，又這麼跟著門轉了出來。

一會兒進，一會兒出，都不清楚到底是在內，還是在外了。唯一沒動的，就是門的軸心。唉！內即是外，外也是內，本無分別啊！

看似有一道門在那裡，其實也沒有門在那裡。我們這個身體就是門板，這個身體有個中軸，是這個門板的軸心，這原來也是一道旋轉門。

外在是人事境，內在是身心靈，一外一內都在身上。當這內與外相互融合時，還有什麼分別呢？

感謝家裡的這道門，雖然它不是旋轉門，但每當我開門進來時，就會想起我在翻門入內的感覺。這是一個很好的感覺，有著生命翻身轉軌的感動。

親愛的伙伴，祝福你有美好的一天！大愛光祝福你！

筆落 2012 年 2 月 18 日 08:49:15

我這樣 你還修嗎　119

心情札記

讓自己一直都在

第 **5** 幕

有緣無緣
欠債還債

夫妻是緣，無緣不聚，有緣無分，有分無緣，都是功課，那怕緣分再短，情義再淺，還是要能緣短情深。兒女是債，無債不來，欠債沒錢，有錢沒債，也是功課，那怕債務來去，錢財聚散，還是要能喜捨圓滿。

法門

楔子：開學了

今天是開學日，清晨五點多起來，隨即開車返回新竹，送完孩子上學後，來到學校參加開學第一天的全校教師會議。從早上忙到現在，沒什麼休息，倒是工作效率很高，跟在卓蘭家裡的生活方式完全不同。

剛放下手邊的一些事情，由研究室窗外望出去的天空灰灰的，讓自己稍微休息一下，用文字分享昨天參班的心得。

守法門 學習護持法慈場

昨天早上四點多起床，然後開著車返回新竹慈場，參加一心向內初階班，前一晚光團導師有知會我要站法門，我的心裡就在想：那更不能遲到了！

在還是一片漆黑中，開著車穿過有點霧氣的鯉魚潭水庫，車子就往三義交流道開，上了高速公路車子不多，一切都很順利。

此時開著車，一不小心人就放空了，結果車子錯過新竹交流道才發現，於是到了下一個交流道再折回慈場，多花了一些時間。等我進到慈場時，在大殿外頭候著的師兄姊們，已經排好隊要準備入大殿了。

我趕快整理好儀容，進到大殿內掛上法門的名牌，這時候班會準備開始，我成了最後一個進大殿的人，成了名符其

實關法門的守門人。

第一炷香時，我這個法門，有時眼睛會不自覺閉上，還好傳導師有用文字提醒，於是把眼睛好好張開。其實張開眼睛站法門，對我還真不容易。

因為一早起來，精神還在調息中，一心向內時很容易就閉上眼睛，張開眼睛站法門，反而感到比較困難。這是一次難得的經驗，學習去護持整個法慈場。

站完三炷香　圓滿身心靈

第一炷香結束，有另一位師姊來跟我換班，我回到自己的位置上，眼睛終於可以安心閉上了。這是我第二次參一心向內班。上回第一次，是所謂的進階班，當時用意志力站完七炷香，這次是三炷香的初階班，自然比較沒有壓力，也就圓滿站完三炷香。

過程中，人還是會有點昏沉，有一段時間還感到頭頂有刺痛感，好像有光流或電流由頭頂灌進來，所以頭頂出現刺、痛、麻的感覺，這種感覺沒有什麼不舒服，反而有種放鬆的感覺。

之後，四到五炷香煉和氣，是用一心向內的狀態來煉和氣，不同於平常學員班裡的煉和氣，整個向內收束，光軸感覺變得明顯。我對大愛光老師傳的光軸開合呼吸法，在操作上很順手，就利用這個呼吸法，來調整自己的身心靈狀態。

雖然昨天參班前，自己的身心靈狀態都沒有很好，但我還是帶著自己到慈場參班。站完三炷香，之後煉和氣與共

修，很平順且圓滿完成班會的課程。

　　班會結束後，再度開著車返回卓蘭住家，接著在農地上工作到天黑，度過一個很充實的週日假期。

在一呼一吸中　尋找中間的空隙

　　老師所傳的光軸開合呼吸法，對我而言，就是在一呼一吸間，試著去找到那個空隙，找到那個動中有靜，靜中有動的感覺；也就是在完全開之中，去體會那個合的感覺；在完全放之中，去感受那個收的感覺。

　　其實在生活裡，也是一樣的運行。例如，我在卓蘭住家的完全放之中，去體會那個收回來的感覺；我在教學工作的完全合之中，去感受什麼是放的感覺。

　　一呼一吸，一動一靜，在呼吸中，在動靜裡，尋找這中間的空隙，那個有著無上清淨的空隙，那個有著空中妙有的空隙，那個有如大愛光老師說的：慈光清淨地，空谷大自然。

　　在那個空隙裡，可以觀自在，可以觀如來，可以「大音希聲，大象無形」。不知道我對法的感覺對不對？我喜歡在呼吸與動靜之中的那個空隙，一個只能親身體會的狀態。

　　如果你願意，就把自己帶到一心向內的法慈場，雖然久立對你會有很大的壓力，我也是一樣；但是自我超越後，隨之而來的喜悅，更是難能可貴的感動。親愛的伙伴，大愛光祝福你！

　　　　　　　　　　　　筆落 2012 年 2 月 20 日 17:32:00

你家師兄呢

楔子一：師兄！你一個人來嗎？

記得去年十一月參大愛光入門班，那是我第一次參班，當時人在桃園慈場等電梯搭下來的時候，有位同行的師兄過來跟我打招呼。

這位師兄問我說：師兄！你是一個人來嗎？我笑著回說：是啊！我一個人自己開車來的。師兄又說：不簡單耶！來這邊參班的大部分是師姊，如果你有看到一些師兄，大部分都是師姊先進來，然後再帶著家裡的師兄來的。

像我自己就是，我家師姊先來，然後我過幾年才進來和氣大愛。

楔子二：我爸爸載我來的！

前幾天參光體升級班，在東海慈場結班要準備返家時，在電梯口又聽到兩位青年團師兄與師姊的對話。

那位師兄問：師姊！你要怎麼回去？師姊回說：我爸爸會來載我跟媽媽。師兄又問：那早上你們怎麼來的？師姊回說：我爸爸啊！他早上載我跟我媽媽一起來，之後就在附近閒逛，等我們下課後一起回去。

師兄又問：你爸爸沒參班？那可以請他一起來吃飯再回去啊！師姊回說：他不要！他不要參班，也不願意一起來吃飯，他只願意在下面等我們下課。

以上是兩段不同場景的對話，這些對話其實還放在我的心裡。

政學師兄！謝謝你的分享

我進來和氣大愛也好幾個月了，還是習慣靜靜看著這個團體，靜靜看著這裡的每一個生命。我雖然行事風格很低調，但因為一直寫分享，也刊載在電子報與學員班訊息，所以認識我的師兄師姊，超過我所認識的師兄師姊。

除了新竹慈場的師兄師姊外，其他慈場與傳光點的師兄師姊，我沒幾個認識的。倒是在參大班的時候，會有我不認識的師兄師姊過來跟我打招呼，感謝我一直用分享陪伴著他們成長，這也是令我很感動的地方。

其實每次打完招呼後，我還是不知道對方是誰，因為我不知道對方的姓名，但這好像也沒什麼關係。

你家師兄呢？你家師姊呢？

看到慈場裡好多資深的師姊，在我心裡納悶的一個共同點，就是從來沒有看到師姊家裡的師兄來過慈場參班。或許是我來慈場的時間不夠久，或許有其他原因是我不清楚的。當然還是有夫妻檔一起同見同行，但畢竟還是少數。

這到底怎麼一回事？為什麼大多數的夫妻，反而無法同見同行，成了最難接引進來成為同修的家人。

如同大愛光老師說的，逆境反而是最佳的修煉時機。夫妻感情太好，一切過得太順，反而不會想要修煉，生命不會

向上提昇。

一定要這樣嗎？一定要因為有所缺陷才修煉嗎？為什麼不能跟家人一起走這條路？我們要花多少時間才能接引家人進來？家人不進來的原因是什麼？他們不進來，但有在走自己修煉行願的道路嗎？

這是這幾個月來的看到，純粹是我個人的角度，看到什麼就寫什麼，如有冒犯得罪的地方，請多原諒。

我自己當然也沒有，而且更沒有資格談論這一點，因為我是玩掉家庭之後，再重新回頭想要接引家人進來，想要圓滿這一切。我的情況，比起各位資深同修與各級導師，還要來得更糟。

我們一家都是同修 是大愛光家庭

文字寫到這裡，不禁問著：如果我們的家人都接引不進來，如果我們的家人都不認同我們的修煉，如果我們的家人都沒有因為我們的修煉而有所改變，我們還要修嗎？

為什麼接引不到家人呢？為什麼會有一個個法脈孤兒呢？為什麼會有一個個僅有一半在修煉的家庭呢？

在慈場很少看到一家人的同修，想想那個一家都是同修的畫面，該有多美啊！我們一家都是同修，我們家就是大愛光家庭，這個愿景還要多久才會實現呢？

這是今天的有感而發，在文字表達上如果讓你感到不舒服，請多寬容與原諒。好想有更多生命進來和氣大愛，好想有更多家庭成為大愛光家庭，好想有更多有情可以接光聞

就這麼一條路

楔子：助理來電…

昨晚系助理打電話來，請我今天早上去某女中進行招生宣導，老是這樣臨時擔任救火隊，心裡也沒想再多問什麼。接著，我回助理說：要老師怎麼配合，直接跟我說就好了，明天會把任務達成。沒有為什麼，也不需要知道為什麼，去做就對了。

反正就是 看著辦

到了教室發現助理給的檔案版本太新了，教室裡的電腦打不開檔案，商請同學協助用其他電腦來做檔案的轉存，耗費了一些時間。接著要用麥克風講話時，又是雜訊干擾得很嚴重，索性就在沒有電腦簡報及麥克風的情況下，開始這次招生宣導的任務。

台上的我，面對這一切的突發狀況，也沒什麼好緊張的，反正就是看著辦。事情怎麼來，我就怎麼接，然後就怎麼回；就只是在這一片混亂中，試著去尋找那個定與靜的感覺。

日常生活裡的人事境，都是一個個用法的最佳時機，如何在變中感受定，在動中找到靜，都是在印證自己最後還是不是。

文字有生命　跟著法流走

　　任務結束後回到學校研究室，打開電腦回些電子信件，想起今天早上晨煉時，大愛光老師對青年團伙伴的談話。這段談話的主題，跟這幾天我在分享的內容很相應，雖然這些談話內容，我之前都沒有聽過，但最近分享所落下的文字，釋出的提問，生起的心念，彼此是完全相通的。

　　心裡感覺到文字是可以有生命的，也在跟著法流走，跟著不同平台在連接，根本沒有時間的概念，沒有過去、現在與未來的分別，全都是同步在進行的。

　　你相信嗎？現在就是過去，現在也是未來，根本沒有時間先後的分別。只是自己的程度還太差，還無法全然純淨接收訊息，再轉而用文字來清楚表達，這是我還需要努力的地方。

不問修或不修　就這麼一條路

　　為什麼還會問還修不修？還走不走的問題呢？就是因為在我們心裡設定了一個樣子，一個我們期待要修成什麼的樣子，所以才會有修或不修的問題。這是一種心態的問題，有這種心態就很難走得長久。

　　其實到頭來，就這麼一條路啊！根本沒有修或不修的問題，現在有機會早點遇到，是一種福氣。因為早不修，晚還是要修。

一切算不準　但是修得到

對我而來，修是唯一的一條路！只要還願意修，一切就會慢慢變得不同。這一生我們是來修的，這一生更是我們修來的。一切算不準，但是修得到。

早上的招生宣導工作，許多狀況是算不準的，但只要隨機應變，總是可以修得到位。生活周遭的一切發生，不都是如此嗎？

煉→悟→做→修

大愛光老師曾指引：要在煉中悟，要在悟中做，做完後再去煉，如此循環下去。對我這個生命來說，我是煉得太少，所以悟得不夠，當然做得就少。

在入世的人事境裡，也不能光是做，還要懂得修，懂得檢討並修正我們的做，否則做得再多，一點用都沒有，因為做的都不是人家需要的。

在任何的團體裡，總是看到有些人是不做的，而有些人是拼命在做的，但是有時會做到整個人好無力，就因為少了修這個過程，所以做得越多，被人嫌棄越多。要能修正我們的做，如此才能契合別人的需要，不然做得再多，對別人一點幫助都沒有，只是做來安慰自己用的。

好好煉，用心悟，盡心做，一直修。用別人的優點來修，用團體的愿力來修。在這美好的午後時光，用文字分享些心情，祝福身邊所有的朋友，一切平安都好！大愛光祝福你！

筆落 2012 年 2 月 22 日 13:57:06

有什麼好辯解的

楔子：閒話家常……

這學期白天的課很少，全都集中在三個晚上，而且是週末晚上，這考驗著師與生的上課心態，很好玩的一件事情。我觀察著學生，也觀照著自己。話說白天沒有課，但還是會有其他事情發生，就只能耐著性子一件件處理，過程中慢慢調整自己這學期的作息。

昨天中午一群系上老師一起吃飯，閒話家常的時候，有一位同事跟系主任抱怨說：你們看！主任跟你們談話都很客氣，但對我談話就很直接，沒什麼客氣的。真不公平耶！

自己人 還是客人

當時系主任也不知道該如何回話，於是我半開玩笑地回說：某某老師啊！主任是把你當自己人，所以講話直接，倒是我們，全被當成是外人，當成是客人了。想想看：你對客人講話時，語氣上當然客氣，你說是不是？

在學校講課時，會跟我的學生說：如果你在學校遇到有老師講你，說你哪裡需要修正，你要虛心接受啊！還有老師願意一再講你，是因為這位老師看得起你，你要受教才對。

在家裡面對我的孩子時，我也是跟自己的孩子如此說，如果爸爸講你哪裡要改，不是在嫌棄你不好，是爸爸看重你，你要受教聽話啊！

話重情長 要受教啊！

在和氣大愛裡面，我相信也是一樣的。那些跟在大愛光老師身邊的弟子們，或大愛光老師直接帶領的傳導師們，往往受到的責難最多；可能大愛光老師講話也是很直接，沒在跟弟子與傳導師客氣的。

但在這些表象的背後，卻有著大愛光老師的慈悲，把這些弟子與傳導師當成自己來對待啊！如果弟子與傳導師看不懂，受不住，這條路就會走得很辛苦。

怎麼講都對 何必辯解呢？

來到和氣大愛的我，對各級導師與同修的話語，也是用這樣的心態來看待，所以就比較能夠調整自己。對事不辯解，是我在修煉上的態度。

面對那些不好聽的話，就當成是這些人看得起我，所以才會花時間來講我不好。如果他們講得不對，就同情他們，畢竟對方花了他的寶貴時間來講我；如果他們講得對，那就更應該感謝他們，因為難得有人願意告訴我哪裡做不好。

用這樣的心態來看待，哪裡還需要辯解呢？我們又不是來證明什麼給別人看的，不是嗎？剛接了孩子回家，用文字跟各位分享。大愛光祝福你！

筆落 2012 年 2 月 23 日 13:57:06

關注

楔子：下大雨……

　　早上送孩子出門時，雨下得好大，但這就是天氣，我們無法叫老天不下雨。重點來了，我們是抱怨天氣，還是接受天氣？

　　我們內心關注的是什麼？是抱怨為什麼要下這一場大雨，害我們出門不方便，鞋子可能一下子就溼掉了。還是我們可以完全接受這場雨，把心思放在如何好好出門，如何好好安排一切行程。

關注什麼　自然成就什麼

　　我總是愛用「一心向內」這四個字，來不斷地提醒自己。當外在的一切人事境來的時候，就好好向內觀照自己的心，這種向內的觀照，就是將關注的重點，由外面拉回到裡面，如此心就會再回到內在。

　　這是一個很好玩的法則：我們的心會隨著我們關注的事物而起伏。所以當我們的心關注什麼，我們就會被帶到那個上面，而我們最終所成就的，也會是我們所關注的。

　　前天在學校開所務會議時，我一句話都沒有說，因為與會老師所關注的重點，全都是在討論如何提高鐘點費，以及如何增加其他費用。

　　大家只關注到錢的問題，而且是自己授課鐘點費如何提

高，完全沒有提到研究生所遇到的問題，研究生有沒有什麼建議，或是需要所裡特別協助的地方。在會議中的我，完全不想參與討論，只在等什麼時候，趕快有個初步結論，然後可以進行其他議題的討論。

我都關注什麼 有關心人嗎？

我們這一生，來到最後會是什麼樣子，就看我們的生活，都在關注些什麼東西。如果只是繞在小格局裡面，是很難成就自己這一生的。

問問自己：我在生活裡都關注些什麼？這是一個很好的探問，一往裡面問，馬上就會把關注的點再放回裡面，心就會回到內在了。

在企業管理上，如果企業可以讓員工感覺被重視，相對會提高員工的自信心與自尊心，對工作效率的提昇也會有所幫助。在班級經營上，如果老師可以讓學生感覺被重視，相對會提高學生的自信心與自律心，對教學成效的提昇也會有所幫助。

以此類推，在家庭成員對待上，或是慈場同修的互動上，也是一樣的道理。就是要想辦法做到對人的關心，讓對方感覺是被重視的。如此，自然就會進入一種自我要求的軌道上，我們不用去要求別人如何，對方自然會自律，而且做得更好。

向內專注 結果自然會好

一心向內，就是在培養自己的專注度。如同大愛光老師曾指引同修：要留神每一個時刻，而向內專注就是把神留在裡面的關鍵。

當我們向內關注自己在做的每一件事情時，我們對這件事情的意識就會增加，而且會做得更好。因此，當我們可以關注到自己行為的任何一個元素時，我們就會比沒有關注時表現得更好。

在全神關注的狀態下，心念如何生，心念如何滅，這一念如何接續下一念，念念分明的狀態自然會清明。換言之，任何事情發生，任何心念生起，只要可以做到向內專注，自然就會改善最終的結果。

很多時候，事情來了什麼都不用做，就只是一心向內，自然就在運轉這其中的因果。是啊！往往最終的結果，就是最初的心念。事情不用做到最後，結果早在心念生起時，就決定了。

時間來到中午，用文字跟各位分享些想法，祝福你有美好的一天！大愛光祝福你！

筆落 2012 年 2 月 24 日 13:06:46

無緣不聚 無債不來

楔子：串串雨滴

外頭串串雨滴，如同一顆顆珍珠，直直落入水面，瞬間在平靜的池面上，激起一圈圈的漣漪。這個假期帶著有點放不下的心，對大兒子的牽纏心，對人事境的無力感，回到卓蘭的住家，只想放空，只想靜靜的。

心裡明白到法慈場參班接光，是讓自己更快充電，是帶自己再出發的最佳途徑，但是我還是把自己短暫地關起來，想讓自己放風發呆幾天。

回鄉的路　早晚會到

沒有什麼好或不好，就只是選擇一條較符合此刻心情的方式，如同回鄉的路，可以搭高鐵、台鐵或客運，可以騎腳踏車或甚至是步行；也可以將路程分段來走，或搭配不同交通工具回鄉。

早到或晚到，遲早都會到；早修或晚修，遲早都要修。就這麼一條路走到底，只要確認方向，只要願意前進，速度快慢無妨，早晚都會到達。

有緣無緣　欠債還債

有兩句話是這麼說的：夫妻是緣，無緣不聚；兒女是債，無債不來。有緣無緣，欠債還債，這就是大愛光老師指引的

五行關係。這木、火、土、金、水，五行相生相剋；我生我剋，生我剋我。

　　夫妻是緣，無緣不聚，但夫妻緣能有多長呢？有緣無分，有分無緣，都是功課，那怕緣分再短，情義再淺，還是要能緣短情深。兒女是債，無債不來，但兒女債能有多久呢？欠債沒錢，有錢沒債，也是功課，那怕債務來去，錢財聚散，還是要能喜捨圓滿。

無受無得　慈悲喜捨

　　在情感的修煉裡面，不是來修「受」的，就是來修「得」的。在面對受不了的人事境裡，是一份滋養慈悲心的禮物，在學習承受與接受中，慢慢懂得用慈悲心來看待。在面對得不到的人事境裡，是一份體會喜捨心的了悟，在學習付出與失去中，慢慢願意用喜捨心來成全。

　　外頭的雨稍停了下來，水池短暫恢復平靜的鏡面，偶有微風吹拂，吹皺一池春水，也無妨這靜謐的美好。雨後遠方的山景，被連日的綿綿春雨，清洗得美艷潔淨，就像一幅立在眼前的油畫，伸身就能觸及並感受到。

沒有為什麼了　一切自然就好

　　時常就是靜靜凝望池面，遠眺山景，偶爾抬起頭看看天空，有時老天也靜靜回我。沒有為什麼了，也不想問為什麼，一切自然就好。大愛光祝福你！

筆落 2012 年 2 月 27 日 08:31:28

迷

迷時師渡　醒時自渡

在落下文字的此刻，這八個字浮了上來：「迷時師渡，醒時自渡。」來到和氣大愛之後，在大愛光老師的指引，以及各級導師的護持下，這段修煉期間，遇到不少自己的關卡，但都能安然度過，而我也在一切不圓滿中，很盡心努力地做到圓滿。

我呢？就像是一只飄在空中的風箏，綁在一條細細的線上，而線的另一端，則是我的傳導師與光團導師，他們把我緊緊抓牢，深怕我一不小心就斷線失控，這一份護持的心意與恩情，政學銘記於心。

不願意到願意　不可以到可以

我用心學著，也努力做著，再多的旁言耳語，再多的責難批判，我概括全受，因為一切都是我，我沒有想多解釋。只知道：用我的不願意，來修我的願意；用我的不可以，來修我的可以。曾幾何時，我不願意的，都成了我願意；我不可以的，都成了我可以。

過程中關關難過，但是關關得過。因為一切為我而設，不是嗎？身旁的一切都沒有問題，最大的問題是自己，完全跟別人一點關係都沒有。

斷線的風箏　任由風飄散

但是這幾天，我自己把身上的這條線扯斷了，讓我這一只風箏隨風而飛。時而迎風而上，時而逆風而下，時而放空忘我，時而緊抓自我，完全不想用力，也完全用不上力，就讓自己無力飄散著。

　　沒有哪裡想去，沒有預設目標，就只是隨著生命之河漂流；漂流到哪裡，哪裡就是目的地。這個228連續假期，我沒有參靈性圓滿班2，昨天學員班會也沒去，傳導師與光團導師來電也沒接。我完全扯斷那一條緊抓我的線，是一條慧命延續的線。

狀態超連結　不用說自然懂

　　我沒有聽話照做，我的心空了，整個人累了，想恢復一點慣性與習氣，用我自己的方式來經歷這一切，想走出溫室去感受真實的環境。我不是一個好學生，更不是一位好弟子，寫這篇分享好像也在教人怠惰，做一個不好的示範。就請各位見諒這些文字，也希望你能在文字間找到一些東西。

　　在這段期間什麼話都不想說，就像我的大兒子一樣。我好像能夠了解這個孩子，因為我的狀態就是他的狀態，而我好像什麼忙也幫不了他，一切只能等他自己站起來了。我這個父親，就是一直陪伴著，也明白告訴他：有任何需要時，請讓爸爸知道。

　　親愛的伙伴，今天的文字，就只是只是一個生命真實狀態的呈現，很開心與你分享。大愛光祝福你！

　　　　　　　　　　　　　　筆落 2012 年 2 月 29 日 16:21:26

混

全參 你撐得下去嗎？

記得在慈場共修的時候，有師兄師姊問我：政學！你才剛來不久就報名全參，撐得下去嗎？因為有些課程的開班時段，在時間上會配合不來而無法參班，學費繳了卻上不了課，會感覺有點可惜。

你要不要慢慢來，不要一下子就全參，挑你可以的時間，或是想要上的課程，再來報名繳費參班。

快參 沒有很多時間了

我笑著回說：謝謝關心啦！我都快四十五歲了，還有多少時間看看呢？我常跟自己說：不要老是讓人家等，更不要讓自己等，我沒有很多時間了。

既然選擇上路就全參，一次到位再說。我不挑課，全部都參，因為不同的課程，就會有不同的養分。

全心投入學 不要用混的

我接著說：師兄師姊！我是給自己一個機會，用一年的時間參完課程，全心投入去學習，合適就繼續下去，不合適就趕快走人。我不想再混下去，也不想用混的心態待在和氣大愛裡面。

這是我自己的心態：全心投入去學，再決定要不要繼續

走下去。我沒時間混了，更不想再混了，因為再混也不是辦法。

我不想自己來到和氣大愛幾年後，生命模式與調性還是沒有什麼改變，這不是我要追求的東西。或許這些同修還年輕，但是我不年輕了。

沒時間　只是藉口而已

至於，繳了學費沒時間參班，怎麼辦？唉！沒時間是自己的藉口！就我的情況來說，我事情不比人家少，又有孩子的問題，但時間對我從來就不是問題，而是我自己個性的問題。

如果真有突發狀況而無法參班，有什麼關係呢？人雖然沒有去到班會，心還是跟著班會的法流在連結，多多少少還是會接到法的，因為這是心態的問題。那些繳出去的學費，就當是護持整個慈場，不是也很好嗎？其實這些都不是真正的問題點啊！

沒有了老師　你還學嗎？

在這個世上，有些東西光是用自己的相信還不夠，還要親自去學習才夠。如同來到和氣大愛，不能只是相信大愛光，還要學習走大愛光道路。

因為光是相信，而不想學習，走起這條道路來還只是半調子，還是要跑好多流程才會懂的。你呢？你相信什麼？你只是相信，還是想學習了呢？

來到一個團體，你要花多少時間學習？你要學什麼？學跟老師一樣，好嗎？如果沒有了老師，你還要學嗎？你是學老師，還是學法義？有機會再分享這些好玩的提問。

　　祝福你有美好的一天！大愛光祝福你！

筆落 2012 年 3 月 1 日 08:37:51

楔子：樹木瘦身

前幾天在卓蘭農地上，利用間歇停雨的時間修剪樹枝，把底部樹枝全部鋸掉，算是幫樹木瘦身，頓時整棵樹看似長高許多，最低處也高過我手舉起來的高度。

天黑了，將原先掛在較矮樹枝的室外燈，爬上梯子掛到上方最低的樹枝上，打開開關後，發現一片明亮，原本還有燈光照不到，還出現陰暗的區塊，全都點亮了起來。

生命高度＝影響廣度

立在樹下的我，望著這盞燈火，想到「高度」這兩個字。原來用來衡量高度的，就是其影響範圍的大小。當一盞燈可以照亮的範圍越大時，代表這盞燈的高度越高。人也是一樣，當我們的生命可以影響更多人時，代表我們的生命，處在一個比較高的位置。

手邊正準備著明天某企業教育訓練課程的講義，昨晚該企業承辦人還特別來信，提出可否強化這些年輕主管責任感的需求，而我被指定的授課內容是「主管的分工與帶領技巧」，剛好可以在這個議題上多所強化。

在錯誤中 看見自己的責任

一個好的主管，就是要能在下屬的錯誤中，看見自己的

責任。同樣的道理，一位好的老師，要能在學生的錯誤中，看見自己的責任。一位好的父母，要能在子女的錯誤中，看見自己的責任。

所謂的責任，就是有能力作出回應，有能力回應那個錯誤，回應那個發生，而不是情緒性反應，更不是謾罵指責。

技巧再華麗　也領不動生命

企業需要我教的是技巧傳授，而我總是談心法分享，這一直是我上課的調性。因為就算用盡所有華麗的技巧，我們還是無法帶領一個生命，因為生命是無法單靠技巧來帶領的，生命只能用我們的生命來感動。

這時候其實也不用刻意帶領了，因為這個生命自己會帶領自己。所以，當我們有能力影響更多生命時，代表我們的生命高度不斷在提高。我們這一生存在的價值，就在於我們可以影響多少生命，我們可以讓多少生命成為他自己。

領得動多少人　領人成什麼樣

一位主管的做到，一位傳導師或與光團導師的做到，就是兩件事情：首先，就是問自己：我能夠帶領多少生命？我能不能帶領這慈場，或是這光團裡面的所有生命？

其次，就是再問自己：我能把這些生命帶成什麼樣子？我能不能帶領這些生命成長？能不能帶領這些生命成為自己？

楊老師！加油啊！

在校園裡我是一位老師，一位領著好多學生的老師，這兩句話一直是我用來自我檢證的指標。我常問自己：在班上我能帶領多少學生？哪些學生我帶得動？那些學生我帶不動？為什麼我帶不動？

我再問自己：我能把這些學生帶成什麼樣子？這些學生在我手上，他們的生命有成長嗎？他們有活成自己想要的樣子嗎？為什麼我還做不到？

某某某！加油啊！

你呢？你怎麼看待自己的生命？你生命的高度在哪？生命的存在價值如何？這些問題都是很好的提醒，有機會靜下來想想，就會明白自己的努力與追求，有沒有走在這個想要的方向上。

今天沒課，在家準備著明天上課的教材，偶爾發個呆，心有所感地寫些文字，跟各位做點心情的分享。相信你可以的，可以成為一位好主管、好老師、好父母，可以用自己這一生影響更多的生命，每一個人都可以成為光團導師。大愛光祝福你！

筆落 2012 年 3 月 1 日 14:29:19

接

老師！好久不見

　　昨天早上到學校授課，是企業教育訓練的課程，學員跟我的互動不錯，我們輕鬆度過三小時的課堂對話。接著開車到台北參加董事會，負責業務與經費的年度報告，結束之後回到竹東都十點多了。

　　今天是彈性放假後，補上班的日子，學校也是一樣。早上進到教室，看到好久不見的班導生，有種特別的喜悅。因為是第一次正式上課，所以跟學生來點閒話家常，問問他們過得如何，然後把總體經濟學簡略作個介紹。

　　學生難得在白天找到我，於是圍著我問些事情，要我簽一些申請用的表格，專題學生也等著找我討論後續進度，現在終於可以靜下來，一個人對著自己。

接住生命　穩住自己

　　記得以前的我，常會被學生氣到不行，或是看不慣學生很多的行為。對我的孩子，其實也是，說的多，做的少。但是現在的我，好像不會被學生的言語與行為影響，看到學生的一些行為，好像也能同理與接受。

　　如同我之前說到的狀態，就是當我不能接受一個生命的樣子時，我就無法去影響，甚至去改變這個生命的樣子。要能完完全全接住一個生命，談何容易？但做到的時候，又是

何等的喜悅！

你是店長　大小事都是你的事

昨天課堂上，學員跟我談到當店長的辛酸，談到底下員工如何又如何，尤其是一些擺爛的員工，拿這些員工沒有辦法。問我怎麼處理，而我只是笑笑地說：要在這一切中看見你當店長的責任啊！

記得不要跟底下的人計較，因為這些人負責店裡的那些工作，不都是你指派的嗎？你是店長，不是嗎？你之所以是店長，就是因為店裡所有的大大小小事，都是你的事。

對生命承擔　不計較斤兩

當主管的人，不要跟下屬計較；當老師的人，不要跟學生計較；當父母的人，更不能跟子女計較。因為一有計較的心，就是在降低自己的格調，我們把自己降到跟這些生命一樣的層次，如此我們怎麼帶領這些生命提昇呢？

在職場上明明是下屬犯的錯，當主管的人還是要先承擔下來，再想辦法讓下屬可以回到工作上，這是主管對下屬，對這個生命的真正承擔，而不是在爭論或計較誰對或誰錯。

在學校裡明明是學生犯的錯，當老師的人還是要先承擔下來，再想辦法讓學生可以回到教室裡，這是老師對學生，對這個生命的真正承擔，而不是在爭論或計較誰對或誰錯。

在一個家裡面，也是一樣的道理。當父母的人要能承擔起子女的一切，子女犯錯先幫他承擔，然後子女才有機會看

見自己怎麼了，也才有機會改變。一味地指責與說教，爭論孩子做錯了什麼，計較自己付出了多少，還是一樣沒有用的。

一切是試探 初發心在嗎？

在我們這一生裡面，難免會遇到這些課題，我也是一樣。同事會有意或無意地批判，甚至更多抬面下的攻擊行為；學生會說老師怎樣又怎樣，把老師的用心當成笑話；子女有時火力更是強大，批評的字眼更是一針見血。這一切都是在試探自己啊！試探自己的初發心還在不在。

聰明是他 愚痴是我

計較的少，得到就多；越是計較，越是窮困。精明的少，智慧就長；越是精明，越是愚痴。一個不計較的生命，是世上最富有的人；看似不精明的生命，其實是高智慧的人。

問問自己：我還在跟誰計較？計較什麼？不就是一句不好聽的話語，一個不經意的行為，一個還愚痴的自己嗎？親愛的伙伴，祝福你有一個美好的假期！大愛光祝福你！

筆落 2012 年 3 月 3 日 16:47:05

有緣無緣 欠債還債　149

心情札記

讓自己一直都在

第 **6** 幕

不要急
我等你

「路走穩，不怕慢，親兄弟，我等你。」當我陷在生命低潮，這句話深深觸動著我。我好像聽到大愛光老師這位兄長，在跟我這位小老弟呼喚：政學啊！不要急，慢慢來，我等你！

快樂的給

祝你有愉快的一天！

早上載小兒子到學校，在他開車門離去時，我總會送上一句話：祝你有愉快的一天！然後目送他那有點圓胖的身軀離去，等背影慢慢變小後，我也開車離去。這孩子自從上回被我棍子侍候，加上把他好好帶在身邊，就再也沒去網咖報到了。

生命被關懷　就會開始自律

昨天行程滿檔，開車、上課、搭高鐵與開會，填滿了一整天。今天可以稍微休息，處理身邊的一些瑣事，其中一件就是把家裡的網路線給裝上，讓大兒子可以不再去網咖。改在家裡使用網路上線，至少先斷絕網咖這樣的環境。這是我對孩子的妥協，也希望他可以明白，慢慢把心思放回課業上。

在這之前的一次談話中，我只是真誠表達對他的關心，沒有教他應該如何過日子才對。當孩子感受到父母的關心時，這孩子慢慢就會開始學習自律；沒有一個生命不想重新振作，但需要一份被接受與被關懷的力量。

要求人好累　交換也不輕鬆

我們很容易要求別人，尤其是要求身邊親密的人，要求這個，要求那個，最後真的是苦苦哀求，好辛苦喔！

當我們要求不成時，就會退而轉為交換，改用犧牲的方式來作交換。我犧牲了什麼，你就要回報什麼，也就是我用我的什麼，來換你的什麼。

當我們得到預期的回報就快樂，沒有得到預期的回報就不快樂，一顆心上上下下，得失就這麼來回纏繞著，一點都不輕鬆。

為什麼會不輕鬆？因為我們所謂的付出，還是一種交換的心態；我們的付出，不是一種真正的付出，而是用一種犧牲的方式在付出，所以給出去之後會習慣等回報，這種付出是不快樂的。

付出＝快樂的給＝無條件的愛

真正的付出，就是一種快樂的給，是不求回報的，是一種無條件的愛。如果付出之後不快樂，那就不是真正的付出，反而是一種犧牲，是一種交換，是一種化了粧的要求。

問問自己：生活裡有多少時候是在付出？多少時候是在犧牲？我都用犧牲什麼，來跟別人交換什麼？還是我直接用要求的方式在對待人呢？什麼時候才能感受到快樂的給，感受到一份無條件的愛？

外頭天氣放晴了，又是一天美好的開始，祝福你跟你的家人平安都好！大愛光祝福你！

筆落 2012 年 3 月 6 日 09:01:12

歡喜的受

我們都盡力了！

我想：我們都盡力了！當我在面對生命的難題與無助時，總是習慣這樣告訴自己，然後就能慢慢接受這一切，學會理解與感謝這一切。

今天是忙碌的一天，早上連上四堂課，利用中午開個會議，然後再接著下午的兩堂課。好久沒有這麼密集講課，自己的身心狀態都很不錯，台下的學生也是如此。望著台下學生臉上的神情，我明白他們有接到禮物。

看重別人＝敬重自己

結束六堂課，開車趕去電信局申辦網路線，這是我答應大兒子的事情，我一直放在心上。趁著時間空檔完成手續，接著到大賣場買些食材回家，晚上弄了一大鍋的素食養生菇火鍋，再加上中午沒吃的素食便當，我跟兩個兒子，就這麼滿足地吃完這頓晚飯。

大兒子已經好幾天沒去網咖了，前幾天跟他的對話，以及我釋出的善意與關心，我想他有收到了，也努力在調整自己，這是值得欣慰的事情。當我們把周遭的每個人，身邊的每件事，都當成重要的人與事來對待時，我們就是在敬重自己，別人自然會把我們當成重要的人來對待，這是一種對等的法則。

走走走走走 一同郊遊去

　　昨晚回到慈場，利用大愛光老師傳授的三句法語來煉和氣時，我雖然是第一次跟著光團伙伴煉，但整個人就好像回到小學時，跟著同學一起拎著零食去郊遊的感覺，整個人沐浴在歡喜的大愛光裡。

　　光團伙伴都成了我的麻吉，大伙一起開心地煉著和氣，接著我也把一些跟我還不通的生命，利用觀想帶他們進到光團裡面，彼此同心攜手，生命完全開放，相互共通共融，充滿光明希望。

　　就是要這樣，修煉到一片光明、圓滿、善，而不是修煉到最後，整個人變得怪裡怪氣的。

放過自己 不為難自己

　　當我們理解每一個生命都盡力了，自然就能接受各式各樣的生命；當我們明白自己也盡力了，自然就不會再為難自己。我們願意放過別人，不為難別人，但往往還是不放過自己，還是在為難自己。

　　閉上眼睛，在心裡告訴自己：我真的盡力了！吃完晚飯，坐在書桌前打開電腦，讓手指自然敲打著鍵盤，用文字落下此刻心裡的感受。

　　我想我盡力了，你也盡力了，就讓我們彼此祝福，互相加油，有你真好！願你有個平安圓滿的夜晚！大愛光祝福你！

　　　　　　　　　　　　　　　　筆落 2012 年 3 月 7 日 20:21:57

空有一如

我的心怎麼了？

我們永遠不知道，下一刻會發生什麼？我們唯一能做的，就是向內觀照，就是讓結果變好。好像發生什麼，也不是那麼重要了，因為這不是我們能掌握的，不是嗎？

我們能做的，就是由這些發生裡，看見自己的心怎麼了？我是自己這部生命之書的導演，我怎麼又忘了？怎麼又入戲了呢？

我是導演 生命的主人

我們習慣為自己架設好多場景，再依序找來好多演員，配合著設定的劇情，背誦著寫好的腳本，就這麼正式地導起一齣齣的戲來。

有時不自覺地入了戲，導演換成了演員，演員做起了導演。最後，整齣戲變得荒腔走板，分不清真假虛幻，這是我們日常生活裡常有的狀況。

有時生命做不了主，讓自己的習氣與慣性牽著走，就這麼把門一道道給關上，而自己完全不自覺。直到有一天打開了之後，才明白原來自己關上了多少道門。

體還在嗎？還是給撞飛了

外頭的天氣轉涼了，送完孩子上學回家後，心又被生活

裡的發生給撞上了，這一撞也就看到自己的「體」怎麼了。

　　「相」是外在的，是容易被別人或自己給覺察的，但是「體」是內在的，不容易被覺察，尤其更不容易被自己看見。

　　如果一個很小的發生，就可以憾動我們的情緒，那代表我們的體很小，我們小得很，所以一碰撞就碎裂。反之，如果我們的體夠大，那麼無論多大的發生，都無法憾動我們的情緒，無法碎裂我們強大的體。

外相有用 內體會好 空有一如

　　外相是有，外相有用，可以使用這個外相做好多事情。內體是空，內體會好，可以觀照這個內體綜理一切事。這一外一內，外相配內體，有用且會好，空有一如啊！

　　一早沒多久，功課就報到了，不斷推著我往前，去覺察這空與有的狀態。你知道嗎？人世間的一切，就只是空與有的存在，而不是那些是與非的到來。

　　你呢？你都是活在空與有，還是活在是與非？你是看重外相的美醜，還是內體的空間？你會看自己的體有多大嗎？

跳脫是非 關注空有 存在本質

　　一切功課的到來，所有經歷的發生，只是給我們一次又一次的機會，帶我們看見自己怎麼了？

　　這是老天的慈悲，透過一齣齣人生大戲，讓我們有機會看見自己，有機會跳脫是與非，進而關注到空與有，這是一種生命狀態的存在本質。是啊！不是空，就是有；沒有是，

兄弟 我等你

待不住 留不久 成不了

昨晚夜裡雨下大了，起來看看家裡的一切，再回房間睡一下覺，小兒子睡得很熟，完全沒有醒過來。晨煉時聽著大愛光老師的指引，其中有一句話感受特別深，就是：「待不住，留不久，就成不了。」

大愛光老師傳授「千層圓筒歸中法」，談到立如松時，哪裡酸痛麻，就代表那個部位沒有歸中，偏離了中軸，要能把那個部位重新跟中軸接上，酸痛麻自然就會化了。如此，立如松時就能定的住，站的久。

定的住 站的久 成的了

這段指引對我很受用，目前的我，偏離了中軸，立如松時站不久，下週日的一心向內班，七炷香會是個嚴屬的考驗，我離這個層次還有一大段距離。

只要立如松時，定的住，站的久，自然成的了。在我們的生活裡，不僅立如松是如此，生命裡的一切，其實都是這樣的。

當我們學習任何一件事物時，如果待不住，留不久，當然就成不了。求學階段如此，工作階段如此，感情階段也是，修煉階段更是。

狀態掉了 看見就好 再想辦法

最近感覺自己晨煉時，起床的時間晚了，立如松時也立不久，可能連一炷香也有困難。也就是說，我在裡面待不住，狀態留不久，自然就成不了，這是我對自己的覺察。

明白生命的狀態如何也就好了，不想帶進過多的責難與壓力，這是我的生命狀態，總有解決的方法。修煉不就是這樣嗎？要會自己想辦法面對，並且解決所遇到的問題。

我們要皈依的，不只是教義與法義的一切，更要皈依自己，回到自己生命的核心，一切歸中，萬法唯心。

畢竟很多東西是取捨，當我們的心力全放在某一件人事境時，雖然可以成就那一件人事境，但也要犧牲其他的部分。如同我們將心力全放在修煉時，雖然想辦法說服自己可以，但往往就是無法兼顧家庭與工作，這是一種取捨，沒有好或不好。

生命有軸 千變萬化 無往不利

這一生我們一直在找道路，這個道路也就是方向。帶著這個身軀，開著這部生命之車，如果方向盤沒有軸，是轉動不了方向的；但是方向盤有了軸，不想轉方向也不行啊！

這部車的方向盤有了軸，也定了軸，可以任意轉動，也想要轉動，如此才能安全抵達我們想要去的地方，否則我們哪裡也去不了的。

生命想要改變，生命想要不同，就是懂得要會打方向盤，依著不同生命階段的不同方向來打方向盤，要願意改變

才行。願意改變之後，就要強化這個方向盤的軸心，否則軸掉了，這個方向盤就失去了功能，無法引領我們去到想要去的地方。

向內問著自己：為什麼待不住，留不久？為什麼定不住，站不久？是取捨之間難決定？還是到現在還不確定方向？還是想要分段走，慢慢走呢？我的人生方向盤有軸嗎？如果有，是什麼？如果沒有，為什麼？

政學啊！不要急 我等你

「路走穩，不怕慢，親兄弟，我等你。」當我陷在生命低潮，思考要不要走上和氣大愛導師體系這條道路時，這句話深深觸動著我。

我好像聽到大愛光老師這位兄長，在跟我這位小老弟呼喚：政學啊！不要急，慢慢來，我等你！

望著外頭灰茫茫一片的天空，心好像不再那麼迷茫，反正就是向前走。只要向前走，自然就會到，到了，也就知道了；認為自己知道，反而永遠到不了。

親愛的伙伴，感謝你們一路的陪伴，有你們真好。大愛光祝福你！

筆落 2012 年 3 月 9 日 08:55:15

足夠

感謝特別的你

　　早上卓蘭的蔆園飄起了細雨，真好，植物有了足夠的水份，老天幫忙我為植物澆了水。早上的溫度比昨晚稍微高了些，但還是在攝氏十度以下。山區總是特別冷，昨晚經過鯉魚潭水庫時，有些路段還是起了濃霧，開著車前進時，有種進入仙境的夢幻感受。

　　在我們一生中，要找到一個很特別的人，可能只需要一分鐘；感謝對方，要花上一小時；愛上對方，可能只需要一天，但是要遺忘對方，可能就得用上一輩子的時間才夠。

　　你呢？有找到過這樣一個特別的人嗎？如果有，願你們幸福圓滿。

夠了 就好了

　　有人說：這一生是來修的！我也常補上一句：這一生更是修來的！

　　我們要修的所有功課裡面，就有一個功課，就是修「夠」，修我們要到什麼時候才會夠。因為只要夠了，人自然就會好了。

　　夠了，就好了。夠了，心就不會往外追尋了，心就能專注向內觀照，覺察每一個起心動念。一念不生，一念不起，後面接續而來的追尋與得失，自然就退去了。

這樣觀照出來的夠，是指當我們得到想要的東西，而且生出珍惜與滿足的感覺時，自然就會感到足夠，自然就能一心向內了。

足夠好的東西　可以是任何發生

　　但還有另一個角度的觀照，所謂的修夠，就是修來足夠好的東西，以維持我們生命的品質。這個所謂修來的好東西，可以是生活裡的任何發生，例如幸福、喜悅是，苦難、失落也是。

　　因為如果沒有足夠多的苦難，我們怎麼會明白自己有多幸福，這時候，這個苦難成了背景，放大了微小幸福帶來的快樂。

　　再想想，如果沒有足夠多的失落，我們又怎麼會懂得感謝，懂得感謝身上這份失落感。這份無力感所帶給我們的祝福，讓我們一次次學會在失落中，看見這一份化了粧的祝福。

　　我們的心，因為有了足夠多的失落，而變得好快樂、好喜悅。

不好的發生　生命的祝福

　　就因為生命有了足夠多的苦難與失落，才更加彰顯出我們其實是幸福的，生命可以是喜悅的。這些看似不好的發生，都把我們身邊一些微不足道的東西給放大了。

　　一點點的平凡，在足夠多的苦難下，變成了巨大的幸福；一滴滴的感謝，在足夠多的失落下，變成了偌大的喜悅。

如同這陣子的天氣，如果沒有足夠多、足夠久的溼溼冷冷的天氣，我們怎麼會感恩短暫陽光露臉的日子，我們怎麼會明白陽光帶來的溫暖。

　　所以說，一個生命品質的維持，是需要足夠多的苦難與失落來支撐的。也就是說，生活裡的任何發生，沒有好或不好的分別，都是對生命的祝福。試著用歡喜心來迎接，自然會收到老天送來的這份禮物。

　　在落下這些文字之後，雲層裂開了一條縫，陽光就由細縫裡灑了下來。這是短暫的溫暖，但在心裡卻是久別重逢的感動、感謝與感恩。

　　親愛的伙伴，祝福你有美好的一天！大愛光祝福你！

筆落 2012 年 3 月 11 日 11:18:57

你有空嗎

你有空嗎？喝杯咖啡如何？

記得以前有一個電信業的廣告，片中許多親朋好友互打手機，開頭第一句話就是問：你有空嗎？問問自己：我有空嗎？還是我好忙，一點空都沒有？

最近自己的生活變得好忙，常常就是一堆事情等著，身上好多角色同時上演著。但是無論如何，我總是會想辦法忙裡偷閒，讓自己空閒下來。空出時間跟自己喝杯咖啡也好，空出時間無所事事，外加發個長長的呆，享受這個空中妙有的感覺。

有空有智慧 沒空沒智慧

在忙碌的生活裡，往往會降低生命品質，尤其是情緒的起伏會加大，人會變得更不耐煩，身旁的人也好像變得不可愛了。

當我陷入這樣的人事境時，總會提醒自己要抽離出來，讓自己可以慢下來，可以靜下來，因為有空才會生出智慧，沒空就生不出智慧。

有空好可愛 沒空不可愛

想想是不是這樣？當我們有空時，看孩子就覺得好可愛！但是當我們沒空，孩子又在一旁吵鬧時，再怎麼看孩子

都不可愛，只希望他們能不能消失一下。

人就是這麼好玩，當我們有空時，看什麼都可愛；一旦沒空的時候，看什麼都不可愛了。所以，記得提醒自己：要永遠讓自己有空！

空中妙有 讓自己有空

生活裡有我們想追求，想擁有的一切人與物，但是這一切最終還是會過去，什麼也帶不走，我們只能擁有一次經歷的機會。

生命裡有我們想體驗，想享有的美好感受，我們渴望自由、安全、成就與快樂，學習不錯過任何發生，慢慢懂得珍惜而不執著。

在生活裡看似擁有好多，但一切就會過去，讓我們回到空無的狀態。在生命裡看似失去好多，但一切都是機會，讓我們享有妙有的感受。我們在空裡體會有，在空裡生出智慧，所以要想辦法讓自己有空。

我有空 你有空 生命空出來了

問問自己：我有空嗎？我都在忙什麼？為什麼沒空？我看人覺得可愛嗎？還是一點都不可愛？我到底怎麼了？

親愛的伙伴，祝福你今天有空陪著自己，陪著你所愛的人，一起喝杯咖啡、發個呆都好，你會看見一個可愛的自己，身旁可愛的生命。大愛光祝福你！

筆落 2012 年 3 月 13 日 09:56:20

讓自己一直都在

怎樣都好

你都在掙扎些什麼？

　　為什麼還會掙扎呢？都在掙扎些什麼啊？生命老是圍繞著這些東西在轉，都轉幾圈了啊！生命之所以會掙扎，就是因為還抓著東西，不願意丟，不願意放，當然掙扎。

　　問問自己：我都在掙扎些什麼？還抓著什麼？生活裡每一個發生，每一個人事境，其實都在給我們機會，讓我們有機會幫生命加分，有機會擺脫生命裡的掙扎。

現在的人事境＝過去未完成功課

　　現在的發生，都是過去的未完成。現在遇到的人事境，都是過去未完成的功課，尤其是一再重覆出現的人事境，更是重要的功課。要能心存感謝，因為現在能遇到，是我們修來的福氣啊！

　　當我們一再陷入人事境裡，就是在活我們的過去，活到功課做完，才會了結。功課做完後，我們才有機會活現在，甚至是活未來，成為一個再來人。

生命哪裡還不順？

　　生命陷入掙扎裡，就是在告訴我們：不要抓，要學會放下。在這裡面有一個功課，就是做到順，順服生命裡的一切發生。因為生命還想要掌控，還不能接受，當然就會不順；

一旦不去掌控，完全接受，接受自己，尊重對方，不勉強對方改變，自然就會順了。

順了就完成 順了就不耗

　　生命順了以後，就能完全體驗生命裡的每一個發生，進而由發生裡完成自己的功課，這一生也就完成了。生命順了以後，也就不耗了，不再耗費生命，不再向外對抗，學會向內觀照，凝聚成強大的生命力。

順了就可愛 順了怎樣都好

　　生命順了以後，看一切都正常，看一切都可愛，慢慢跟周遭融為一體，做到隨心而改，隨性而化。生命順了以後，該怎樣就怎樣，該是誰就是誰，怎樣都行，怎樣都好，自然能在發生的因緣裡優遊自在。

趕快順 不要抗 福氣啦！

　　問問自己：我的生命順了嗎？還在抗什麼？生命是不是一直在內耗？不累嗎？還要耗多少呢？記得用感謝的眼，感恩的心，來看待生活裡遇見的每一個人事境，因為這些都是老天慈悲送來的禮物，更是我們過去世裡未完成的功課。

　　今天讓我們遇到了，是我們修來的福氣，不是嗎？讓我們好好把握，彼此互拉一把吧！大愛光祝福你！

　　　　　　　　　　　　　筆落 2012 年 3 月 14 日 20:53:18

完人

補課 克補 補能量

今天來學校補週日的課程，早上兩堂，下午兩堂，剛結束課堂的授課回到研究室。中午人沒吃飯，也沒休息，但整個身體與精神狀態還好。

上午兩堂課當我進到教室時，發現整個教室能量有些低迷，學生說是因為連日下雨，溼冷的天氣讓他們精神狀態不好。原來是天氣惹的禍，我當然知道這是玩笑話，但自己就得提高能量指數，才能把這群學生帶上來，一路上就這麼帶著上來。

到了下午的兩堂課，整個教室的能量明顯有所改善，這是一次不錯的能量轉換經驗，一切是心念所造。

會問到不會 不會問到會

課堂上談到個案教學的主要議題，其中有一個原則就是：老師要把會的學生問到不會，把不會的學生問到會。課堂上我透過提問導引學生去看見問題，試著分析並解決問題，而我就是一位導引者，一位教練的角色。

生活裡我們自以為會了，但是當問題真正來到時，才發現原來沒有真正會，我們只是半家子，沒有究竟的學會。於是我們是在這過程中，透過教學的互動來看見自己的問題所在。

此外，對許多問題一開始我們自以為完全不會，但也是透過教學的互動來慢慢用上所學，如此摸索出可用且可行的解決方法，由完全不會到慢慢會了。

身體 原來自己會

在修煉路上，也是如此。我們以為學會了、煉上了，但是人事境會來印證，會顯現出真相來，我們有機會看見自己原來還不會。

相同的道理，原本我們不會用自己的身體來修煉，但是透過功體建立與功法應用，慢慢我們就能學會來、煉上來。

究竟會不會，一切看自己。如果自己不想改變，不想學會，光是有很好的環境，殊勝的因緣，一樣還是沒用的。

學會認錯 認完所有的錯

我開玩笑跟學生說：我們要學會的第一件事，就是認錯。學會認錯是這一生對的開始，而且這個錯，只能「用認的」，是「學不來」的。一旦用上頭腦，用上認知，想要認錯就難上加難。

接著我說：當我們認完這一生所有的錯之後，我們就是完人了。這個完人，是完成的人，是圓滿的人，不是完蛋的人。所以，以後不要怕犯錯，而是要快快認錯，認完錯後趕快改，人自然就會好了。

我認了 慢慢就是完人

為什麼錯要用認的，想學也學不來呢？因為「認」這個字，拆開來就是「言」加上「忍」，就是要我們把話都給忍下去，也就是要我們不辯解。

要你不辯解，要你不解釋，會不會很難啊？要你把話吞下去，把話塞回去，會不會很難受啊？記得提醒自己：認完所有的錯，我就是完人了。

每一次的認錯，都帶著慚愧的心，都帶著圓滿的願，也是在幫我們自己推進度，讓我們這一生可以更完成自己，更圓滿一切。

親愛的伙伴，祝福你有一個愉快的午后時光，泡杯咖啡給自己吧！大愛光祝福你！

筆落 2012 年 3 月 15 日 15:57:49

有一種愛 叫放手

楔子：人累 睡著了

昨晚人有點累，休息一下就睡著了，半夜醒來洗好澡，看著會議資料，思考一些事情，因為今天上午在台北有個會議，接著下午有個研習會。我總是習慣喝點咖啡，結果接下來就不好入眠，什麼時候睡著，也不太清楚了。

今早晨煉人有起來，感覺最近比較散漫，也沒好好立如松，就當成是這個身體在調整。看見就好，看見就是，看見就有機會調整且重新出發。

恐懼什麼 就直接面對它

問問自己：我恐懼什麼？或許是：怕失去、怕死亡、怕一堆人事境。其實令我們恐懼的東西，不外乎：怕別人不認同的眼光，怕不確定的未知，怕失去已有的，怕老、怕死、怕病。

而克服恐懼最好的方法，就是直接面對這個恐懼，如此這個恐懼自然就會化了，我們才有機會超越恐懼。

愛＝用心接受＝無條件付出

愛就是用心接受，接受自己現在的樣子，也接受別人可能的樣子，如此就能不期待別人的認同，不需要別人的肯定來支撐生命。我們能接受身體的老化、病痛與結束，自然就

能帶著自信過好生活。

　　愛也是無條件的付出，這種付出是不期待對方任何回報的。因為在付出的當下，自然就快樂了，而不會期待要得到什麼樣的回報。

　　因此，不會因為期待落空而不快樂，不會患得患失，不會害怕失去。在付出的當下，就已經得到了；而且付出的越多，相對得到的越多。

　　在愛裡，我們學習如何用心接受，接受自己，也接受別人，我們不需要別人的認同。在愛裡，我們學習無條件付出，懂得付出的多少，就是得到的多少，這是捨得的智慧，我們不再恐懼未知與失去。所以，在愛裡是沒有恐懼的。

有一種愛 叫放手

　　有一種愛，叫放手。如同幼兒時期學走路的我們，如果父母沒有適時放手，我們一輩子不會走路。放開我們小手的父母，他們的心有多擔心與不捨，你知道嗎？但父母不這樣，孩子永遠學不會走路，這是一份護持恩與成全心。

　　現在的我，對我的孩子與學生，我也在修這項放手的功課，何時放手讓孩子自己來，讓學生自己來。放手不是放棄，不是什麼都沒有；放手是不去抓，不去掌握，只是護持並成全每一個生命，讓他成為他心目中理想的自己。

立志：成為自己的心上人

　　所謂的「志」，拆開來就是「士」加「心」，也就是我們

的心上人。心上人是指，我們心中想要成為的那個人；所以立志，就是發願成為心中理想的自己，也就是成為自己的心上人。

當我們學會愛自己，發願成為自己的心上人，我們自然就有力量愛人，有力量護持並成全每一個生命。我們學會用心接受，懂得無條件付出，這就是一種無懼的愛。

回慈場參班 好好清理自己

上午開車到台北開會，接著是倫理沙龍的研習會，結束後趕回學校授課，晚上有四堂課等著我回來。回到家弄了東西跟孩子一起吃，回到書桌前靜一下，是忙完了一整天，人有點累了。

明早慈場有傳光人進階班會，以及小組護持玉成課程，接著週日有一心向內進階班會，希望利用到慈場參班的機會，把自己的身心靈好好清理一下。

親愛的伙伴，祝福你有一個美好的夜晚！大愛光祝福你！

筆落 2012 年 3 月 17 日 19:23:43

一定要到

楔子：睡過頭了

昨天早上的一心向內進階班，由於起床時間晚了，沿途由卓蘭直奔新竹慈場，原本約七十分鐘的車程，硬是被我縮為五十分鐘。

出門時已是清晨五點十分，由台3線，接苗52過鯉魚潭水庫，再接三義交流道，一路高速但平穩地開車到慈場，準時在清晨六點進到大殿參班。

這是一項有點不可能的任務，五十分鐘由苗栗卓蘭到新竹慈場，但就是有不放棄的心念，心想就算人遲到進不去班會裡，我也要試試看，來不及就在法門外候著也好！

遲到了 但就是不放棄

開著車出家門時，心裡祈求大愛光慈悲，就這麼不計一切後果，往新竹慈場直奔而去。我只專注開好車，趕不趕得上班會就隨緣了，只管盡全力就是。

一心向內班會不同於其他班會，是不能遲到的，所以不能慢慢來；還好有趕上，心裡無限感恩。

一路上幾乎沒遇到紅燈，高速公路上也只遇到一輛警車，就是這樣的一個心念，圓滿了一顆想要參班的心。

七炷香圓滿後，再開著車子回到卓蘭，今天清晨再由卓蘭回到新竹。過程中看見自己的不小心睡過頭，也看見自己

不放棄的心念，在使盡全力之後，就是放，一切隨順因緣。

一定要到 就差我一個！

　　此外，我沒有把自己當成不重要的人，我沒有對自己說：算了！不差我一個人，沒去參班無所謂啦！反而，我告訴自己：一定要到！我答應光團導師要站二個時段的法門，所以無論如何一定要到，這不光是我一個人的事情而已。

　　大愛光老師曾指引：準時就是遲到！這是我需要改進的，我偷懶睡過頭，沒能提早十幾分鐘到，所以，雖然我有在六點前趕到慈場，但心態上就算是已經遲到了。

　　可以自我安慰的是，我沒有把自己當成不重要的人，還是想辦法讓自己可以準時到，我沒有放棄，沒有再回到被窩裡繼續睡，而是立刻開車出門。

用什麼心態做事 每件事都很重要

　　如果我們在生活裡，把每一件事都當成重要的事情來做，我們自然就會成為重要的人。一個人是不是重要的人，跟他在做什麼事沒有關係，而是跟他做事的心態有關。

　　問問自己：我都用什麼心態來做事呢？我會把事情分別成大事或小事嗎？那到底什麼事是大事，什麼事又是小事呢？

　　事情的本身並沒有大小之分，而是我們做事的心態把事情給分別了。不願做小事，自然不能成就大事。把每一件都當成重要的事來做，自然就成為一位重要的人了。

這是一次不錯的體驗，跟各位分享，希望不要接到罰單，也感謝老天對我的疼惜。

　　時間是一種很奇妙的元素，可以有如此的千變萬幻。親愛的伙伴，祝福你有美好的一天！大愛光祝福你！

　　　　　　　　　　　筆落 2012 年 3 月 19 日 16:43:24

心情札記

讓自己一直都在

第 **7** 幕

早是明白人 就是不承認

很多時候，我們早已經是明白人了，但就是不願意老實承認，不是嗎？很多時候，我們就這麼拖著，明明知道這樣下去不是辦法，這樣下去不會快樂，但就是拖著，不處理、不面對，也不想結束。

找人

一直在找人 找對的人

這一輩子，我們一直在找人，在找所謂對的人，其實也在找自己。

進到週六傳光人進階班課程中學習，大愛光老師細教、慢教，也一直闡述七人光團結構圖的概念，希望用小組護持、一對一的方式來接引新同修，接引同心共願的伙伴。

今天早上晨煉時，我們校園光塔在線上討論如何接引同心共願的伙伴，討論如何讓這些新伙伴，在下一期可以共同接引下一梯次的新伙伴。其實就是在討論：如何找人？如何找對人？回到我們的生命歷程來檢視，我們一路上不都是在找人嗎？

孩童時期，找的是可以一起玩耍的伴；學生時期，找的是想要一起讀書的伴；工作時期，找的是熱情一起打拼的伴；戀愛時期，找的是願意一起生活的伴；修煉時期，找的是有志一起行願的伴；老年時期，找的是有心一起老去的伴。

你在找什麼人 找到了嗎？

結果呢？想要找的人，找到了嗎？為什麼還沒有？還是曾經找到，現在卻掉了呢？到底要怎樣才能找到那個對的人呢？

個人在找人，組織在找人，整個社會在找人。就像和氣

大愛這個修煉團體，也在找適合的人進來，頂上組織架構裡的每一個位置，讓整個組織架構可以運作順暢，可以發揮出更大的功效。

找對人：說清楚、講明白

如果想要找對人，坦誠很重要，也就是要說清楚、講明白。個人或組織要把想要找的人，很具體且清楚地描述，讓對方在充分認知的情況下，做他自己的抉擇：要或不要。

問題來了，會不會我們把要找的人的條件講清楚了，結果原本想要進來的人，不來了呢？當然有可能，但這有什麼不好嗎？

如果對方真的聽清楚了，最後他決定還是不來，這也是事實，也是很好的一件事，不是嗎？至少，雙方不用浪費時間與精力，不會到最後用原來是一場誤會來收場。

很多時候，雖然我們個人或整個組織在找人，但根本不清楚要找的人是什麼樣子？連講都講不清楚，怎麼找到所謂對的人呢？

更不好的現象是，還故意不講清楚，先把人帶進來或騙進來再說，反正也是一番好意，沒關係啦。但是這樣進來的生命是不會跟著走太久的，因為這不是他清楚意識下所做的決定，他心裡想的，跟我們要的，是兩個不同的樣子。

坦白真誠說　不能矇騙啊！

坦白真誠，說清楚、講明白，在找對人上面是很重要的。

千萬不能有矇混的心、欺騙的心，否則最終只是誤會一場。因此，我們到底在課業、工作、感情與志業上，要找什麼樣的人，自己要很清楚才行。

和氣大愛在找新同修，在新的組織架構確定後，到底要找什麼樣的新同修要非常明確，不能再模糊帶過去；否則找進來的人，也會走不長久。整個組織架構還是支撐不起來，最終一切還是回到原點，回到原來的模式在運作。

以上是我對接引新同修的粗淺想法，這一步沒有明確界定，組織架構設計得再好，進來的人不對，位置上的人不對，也是空歡喜一場。

你呢？還在找人嗎？找到對的人了嗎？有先把自己給找回來嗎？親愛的伙伴，祝福你有美好且愉快的一天！大愛光祝福你！

筆落 2012 年 3 月 20 日 11:58:07

找位置

一直在找位置 找到了嗎？

這一輩子，我們一直在找位置，在找一個適合自己的位置。很多時候，我們之所以不快樂，就因為還找不到自己的位置，甚至還會問別人：我在你心中的位置是什麼？有我的位置嗎？

就這麼逢人就問，尤其是問自己所愛的人：你心中有我的位置嗎？我們急著想找到自己在對方心中的位置，卻忘了給自己留個位置。

找到屬於自己的位置，這位置不在別人那兒啊！在別人心中，有位置，又怎樣？沒位置，又如何？

要立志 找到自己的定位

我們真正要找的，是這一生我們的定位。定位對了，這一生就能發揮；定位錯了，這一生就不得志。

我們要找的是自己，要找的也是自己的位置；要立志，要努力成為自己的心上人，把自己這一生好好地發揮與使用。

課堂上看著台下的學生，有時還是免不了多說幾句。時常問學生：你們為什麼來學校唸書會沒有動力？時常就是遲到，甚至不來上課？當然有些學生有正當理由，但也不應該是常態，整個人皮皮軟軟的。

心態 決定做事的高度

我說：其實是心態的問題，也就是你們把自己當成什麼樣的人？把自己放在什麼位置？有沒有立志成為理想中的自己？還是完全不到位？完全不清楚？這心態決定了你們來學校唸書的高度。

今天當我們把唸書這件事，當成是自己的事，而不是為誰唸的；我們是自己生命的主子，不是誰的書僮，我們唸書的心態，自然就不同了。

我們會提高學習的規格，會帶著自己快樂學習，因為一切都是為自己而做，為成為理想中的自己而努力，這是我們這一生的志向。我們是有方向的，有明確的人生定位，我們不是在為誰而做。

定位準確 穩札穩打 自然會成

當我們把自己定位在生命的主人，自然會明白一切為我而設。在課堂學習，或是參班聞法時，聽不懂自然就會問，因為學校老師或大愛光老師，是在為我們個人授課或傳法，我是主，不是來陪讀或陪班的書僮。這樣的學習心態不同了，格局拉高了，自然學習的成效也就提昇了。

一家企業之所以成功，就是因為定位準確，而且穩札穩打，誠信踏實地做，所以企業的準確定位很重要。一個人能否發揮身上的能用，其實也是相同的道理，找到適合的位置，把自己精準定位，自然就能好好使用身上的資源，為這

個世界做更多的事情。

生命在成全 找回了自己 定位了自己

親愛的伙伴，昨天談談找人，今天分享找位置，其實我們在找的人，在找的位置，到頭來還是自己啊！

在任何一個團體裡面，在和氣大愛裡面也是，我們是透過找人，來找到自己；我們更是透過找位置，來定位自己。

對這些跟我們有所互動的生命，真的要心存感謝，因為這些生命在成全我們，讓我們在一次次的追尋中，找回了自己，定位了自己。

閉起眼想想這些生命，想想那些愛恨情仇，沒有足夠的緣分，沒有足夠的相通，沒有足夠的矛盾，我們不會相遇，我們不會相知，我們不會相惜，不是嗎？祝福你有美好且感動的一天！大愛光祝福你！

筆落 2012 年 3 月 21 日 09:28:40

看見五望

天空霧了 它霧什麼呢？

起霧了！竹東住家的社區，整個置身在一片濃霧裡，好美！人生偶爾也會起霧，霧來時就好好享受，把自己全然投入這個時點。

沒有所謂最好的時候了，因為現在正在經歷的一切，就是最好的時候。現在，就是最好的時候了。

送完孩子上學回到家裡，在回程中望著社區的這一片濃霧，搖下車窗輕吸一口氣。唉！活著不就是為了這一口氣嗎？能活著，能自在呼吸，多好啊！

車子裡傳來歌手 A-Lin 的歌曲：勇敢的不是我。開頭幾句就是：天空哭了，它哭什麼呢？我們甚至還有笑容，能牽著手，傷就不那麼痛。

生命五望：渴望 想望 希望 失望 絕望

聽著聽著，昨晚身上積累的感受就浮了上來。曾幾何時，我們就是這麼一路由渴望、想望、希望、失望到絕望，就把它稱為生命五望吧！一路走到底，生命五望慢慢成了生命無望，這是一個看見，看見了就得想辦法，讓生命可以走出無望。

多少時候，我們對身旁的一切人事境，充滿渴望，帶著想望，懷著希望，過程中我們盡心盡力想改變一切，跌倒了

再爬起來，哭泣了再拭乾淚，放棄了再試一次，最後兩手一攤，掉進失望，陷入絕望。一路這麼看下來，明白了，唯一的辦法就是回到最初點，回到初發心。

失望三要：無助 比較 強求

大愛光老師曾指引：失望構成的三個要素，分別為無助、比較與強求。

無助就是無能為力，我們對好多人事境都無能為力，這份無能為力壓得我們喘不過氣，連呼吸都覺得無力。

比較就是計較的心，為什麼人家有，我卻沒有；為什麼人家可以，我卻不可以。這是一種貧窮、匱乏的感覺，也是一種不滿足的心態。

強求呢？強求就是強人所難，不僅為難別人，更是為難自己。強取一些不該求的，勉強別人如何改變，結果是強摘的果實不會甜啊！

節制渴望 過能力所及的生活

看見這生命五望，就要在渴望這個源頭上，想辦法去節制，也就是小心我們的每一個開始。因為開始容易，結束困難啊！

不要渴望我們能力範圍以外的東西，否則一路走下去，很容易而且很快，就會掉進失望，甚至陷入絕望的狀態，把整個人壓得抬不起來，更難自在地大口呼吸。

這些年下來，明白一件事，就是要過我們能力所及的生

活，這是一項多大的提醒。不僅對我們個人如此，就連在教育子女上也是一樣。

　　要讓孩子過他能力所及的生活，不要讓孩子好高騖遠，有過多的豐厚物資，但日後這些物質條件，都不是他能力所能賺到的，這已經不是他能力所及的生活了。

　　在設定我們的渴望時，要能把我們的能力一併考慮進來，在能力所及的範圍內訂下我們的人生目標。

發下願心　會帶出足夠的力量

　　當然如果我們有一個願心，而且是一個利益眾生的大願，那麼這個願就會帶出足夠多的力。誠如願有多大，力就有多大，這就不用擔心了。因為發下這個大願後，法界諸佛會疼惜我們這位靈子，會讓我們有力量去完成這個願心。

　　外頭的霧依舊，但裡頭的路敞開了；就循著裡頭的這條路，拾階而上來到更高的點，這時候霧來到了我們腳下，我們一路穿過濃霧來到頂端，這頂端原來是一片光明，是一個清淨地。

　　在這裡無風無雨，無雲無霧，只有光明、溫暖與希望。親愛的伙伴，祝福你有美好的一天！大愛光祝福你！

　　　　　　　　　筆落 2012 年 3 月 22 日 08:45:19

勇氣

天氣無常　也是正常

　　今天氣溫明顯下降好多，是無常裡的正常。早上六點多到新竹慈場參傳光人進階班，學習行儀的提踩功法，向內就是提起與放下的觀照。

　　課程結束回程中，買了些早餐給孩子吃，回到書房想用文字落下一些感受。

早是明白人　就是不承認

　　在和氣大愛的學習裡，有一個特別的看見，就是：看別人不用太清楚，對自己可要弄明白。

　　回到生活裡卻是顛倒，我們用盡辦法想把別人看清楚，到頭來卻是連自己都弄不明白。真是有趣，連自己都弄不明白，怎麼看清楚別人啊！

　　很多時候，我們早已經是明白人了，但就是不願意老實承認，不是嗎？很多時候，我們就這麼拖著，明明知道這樣下去不是辦法，這樣下去不會快樂，但就是拖著，不處理、不面對，也不想結束。

假戲真做　誤會大

　　再往裡面看，為什麼這樣下去不快樂，還要拖著呢？原來是我們這個外殼，也就是這個身體，還有需要，還有所圖

啊！我們不斷地用這個肉殼在跟外在作交換，但這個交換並不是真正想要的，所以換到最後好辛苦，換到最後好失望。

一場假戲弄到最後，反而是假戲真做，結果是把內在的真人給做掉了。如果想要活得快樂，就要去做自己真正想做的事，這真正想做的事，不是外在慣性主導的那些事，而是要回到內在，做發自內心本願的事情，這樣的生活才會快樂。

不然縱使物質環境再豐厚，看起來很有錢，一切看似很美滿，但生命依然是暗淡無光啊！因為此刻的生活，所追求的一切，都不是我們內心真正想要的。

客人打賞 沒保障

你知道呢？外在的這些物質條件，包括錢財與名利，坦白說都是別人打賞的，是外在的因緣福報，不會是永久不變的，再多還是會過去的，不是嗎？

想想，擁有了這些錢財與名利，我們真得就快樂了嗎？我們到底花了多少時間給自己，給內在靈性的自己，也就是我們的老靈魂。會不會在這一路的追尋裡，我們早就背叛了自己，我們把自己給降格了。

看似活得光鮮亮麗，但一點都不踏實，一點都不快樂。把生命弄得就像今天的天空一樣，灰濛濛的一片，沒有了生氣，掉進一股等待報廢的輪迴裡面。

做自己的勇氣 GoGoGo

問問自己：我活得快樂嗎？我有做真正的自己嗎？還是

我一直在妥協？一再背叛自己？一直在用自己作交換？但換到的都不是真正想要的。我是不是一直在否定自己？否定自己的存在價值。我可以承擔起自己嗎？為什麼我那麼軟弱呢？

其實我們需要的是勇氣，一個承擔起做自己的勇氣，把生命拉到一個高的位置，用更大的格局來看待周遭的人事境物。

你有勇氣嗎？你有肯定自己的價值嗎？還是等著報廢回收呢？親愛的伙伴，祝福你有美好的週末假期！大愛光祝福你！

筆落 2012 年 3 月 24 日 12:35:18

星光燦爛

女兒回加拿大

望著卓蘭的夜空，好多星星掛在上面，有如燦爛之星耀夜空。今晚孩子媽媽送女兒到機場，女兒要搭晚上十一點的班機飛回加拿大，繼續她未完的學業。

前陣子女兒唸的學校 spring break，所以回來台灣玩，今晚又得搭機回加拿大了。

爸爸很想妳 加油喔！

剛跟女兒通了電話，電話這頭的我，鼓起勇氣跟孩子說：爸爸很想妳，妳在加拿大要加油喔！有任何爸爸可以為妳做的，要跟爸爸說，我一定會為妳辦到。

在這簡單的對話裡，只想讓孩子帶著我的祝福上飛機，一路上陪著她到加拿大，這一趟十多個小時的飛行，算是一個不短的旅程。

為什麼是我 原來是慈悲

感謝老天的慈悲，感謝大愛光的眷顧，總是不斷透過許多的發生，安排好多樣的人事境，在幫我配備更多的素材，讓我這一生可以有更多的能用。

以前，還看不懂的時候，總是會問：為什麼是我？為什麼要讓我經歷這些悲歡離合？可以不要嗎？

成全心 護持恩 加配備

現在，我會看了，明白這些發生與安排的背後，原來有著那麼多的成全，我的女兒用她的可以，在讓我經歷父女的這段情緣與功課，這是一份成全的心，更是一份護持的恩。

這一生過了四十餘年，歷經好多的生命故事，這一齣齣的故事，這一幕幕的情節，都是我生命的流程，都是在幫我配備更多的能用，讓我有機會可以透過親身體會，而學習如何引領更多生命，去面對他們遇到的生命課題。

燦爛之星 照耀返家遊子

再一次抬起頭，望著偌大的星空，夜空裡星光閃閃，有那麼一顆燦爛之星，就高高掛在夜空裡，發出璀璨的星光，照耀每一位返家的遊子。

女兒回來這麼一趟，可以感覺到我們父女間的結慢慢打開了，心就像此刻天上的夜空，不再只是一片黑，而是閃著一顆顆的燦爛星光。

輕輕閉上眼睛，在心中想著女兒的樣子，誠心送出我的祝福，請大愛光慈悲這個生命，護送這位靈子，平安飛抵加拿大，大愛光充滿、大愛光圓滿。

親愛的伙伴，感謝你的在，讀著這些文字，也跟著我祝福這個孩子，願你有一個平安的夜晚！大愛光祝福你！

筆落 2012 年 3 月 25 日 22:37:25

抄筆記

楔子：怎麼抄筆記？

課堂上跟學生分享自己抄筆記的經驗，這是我過去在學校當學生，現在在和氣大愛當同修，或是有機會聽演講當聽眾的經驗。這不一定正確，純粹是個人經驗的分享而已。

課本有的 黑板上的 不抄

以前我在當學生時，抄筆記有幾個重點與原則：首先，課本有的，不用抄。因為課本裡面都有，所以不用抄，標記老師講述哪些內容即可。

其次，寫在黑板的，不用抄。因為其他同學會抄，而且抄得比我工整，我只需要確定同學會借我筆記，而把人際關係維持好即可。

不是抄筆記 而是寫感想

課本有的，不抄；黑板有的，不抄，那聽課時到底要抄些什麼？我聽課時只抄老師講的，課本上沒有，也沒有寫在黑板上的內容。而且也不是一字不漏的抄這些內容，而是重點式摘錄。

最重要的是，寫下我聽老師講課後，在我內心引發的感想為何？意思是說，老師在講這些內容時，我的感受是什麼？我的看見是什麼？

因此，與其說我是在抄筆記，倒不如說我是在寫心得，在寫我課堂上所感受到的一切，這已經不是老師最初的講課內容了。

這一直是我坐在講台下，聽課或聽講的學習態度。反正，我就是專注傾聽，不太抄筆記，偶爾用文字寫下內在觸發的一些感受。

不用抄：專心聽 細品味

來到和氣大愛參班時，我也是同樣的學習態度。在聽大愛光老師傳法與指引時，我不太動手抄寫內容，因為這些內容有投影片，或是有講義，甚至會有影音 CD 發行，所以我根本不太動手抄寫。

相對的，我會專注地聽，細細品味每一句話，動筆也只是寫下自己內心的感受。

在我開始參班聞法，接下來寫課後分享時，也會遇到聽錯字，進而寫錯字的情況。因為有些心法指引沒有製成文字簡報，當然這也是另一種內在訊息的投射，很有趣的現象，背後是有意涵的。

不用抄：當下接 即刻悟

雖然發生過幾次誤植文字的情形，但我還是用相同的方式來聞法，也就是專注傾聽，細細品味。

把大愛光老師傳的法，在當下用心感受，去跟自己過往的生命經驗連結，不急著抄寫這些指引的內容，而是向內觀

照自己身上的感受。

基本上，我選擇專心聽課，用心品味文字，相對很難一心二用，無法同步用文字抄寫上課的內容。這是我在課堂上跟學生的分享，僅提供參考。

你不用認同這樣的方式，可以用自己的方式來聽課，並且好好抄寫筆記。這是我今天個人唸書、抄筆記的經驗，跟有緣的各位分享。大愛光祝福你！

筆落 2012 年 3 月 26 日 16:32:45

送你大愛光

身體疲累 靈魂清醒

昨晚回家的路上，整個人感覺特別的累，白天在學校講課時，就發現精神不是很好。當然站在講台上的我，還是那個神采奕奕的樣子，學生是完全不會察覺的。

結束昨晚課程，在開車返家的路途上，車外的窗景一路向後退，拖著身體的疲累，卻也帶出靈魂的覺知，當下內心有一股特別的感受。看見了，明白了。

修每一天遇到的 煉如何用大愛光

學生在課堂上問我：老師！走修煉道路的人，每天到底在修煉些什麼？這個問題，我想也是在走大愛光道路的同修，時常會被別人問到的問題。

我呢？我怎麼看待這個問題？我自己到底在修煉些什麼呢？修什麼？就修每一天遇到的；煉什麼？就煉如何用大愛光。這就是我的看待與回答，因為修煉不離生活，離開生活就難修煉。

每天遇到什麼人事境物，那就是我們要修的課題；就修我們每一天遇到的，把遇到的一切給弄好來，這就是修。

那每天在煉什麼呢？學大愛光之法，就要會用大愛光之法，把大愛光帶進我們的生活裡，學習用大愛光來生活，送光給身邊的一切生命，這就是煉。

真正做到的人　才會懂得感謝

早上送完孩子上學，在回來的途中，心裡有一股感謝的激動，淚水就在眼眶裡打轉。

是啊！遇到快樂的，要感謝；遇到難過的，更要感謝；遇到有人肯定，要感謝；遇到有人謗損，更要感謝；遇到我愛的人，要感謝；遇到愛我的人，更要感謝；遇到順遂的，要感謝；遇到挫敗的，更要感謝。

凡事相信，凡事感謝，當我們懂得感謝時，也就是做到的人了。感謝是一股帶自己向上的力量。只有真正做到的人，才會懂得感謝。

當我們還沒有做到時，我們是無法懂得感謝的，這是我一直在修在煉的功課，學會感謝身邊的一切人事境。

我從故鄉來　送你大愛光

回頭看自己這一生走過的幾十年路，才發現原來有那麼多的慈悲在裡面。唉！牽扯幾十年，忘卻歸鄉路；我從故鄉來，送你大愛光。

是啊！大愛光是我的故鄉，我是來送大愛光的，我怎麼忘了呢？時候到了，就會看見，就會明白，就會清楚，就是這麼一條歸鄉的路。

每天我都在用文字，送著大愛光，不管有沒有人在看，不管看的人喜歡或嘲諷，不管送的光是明亮或微爍，我都會在心中稟告大愛光。

我祈求：讓弟子落下的文字，帶著大愛光的慈悲，隨著因緣的引領，送光到各地的尋光客身邊，這是我的心願。

祝你光充滿 願你光圓滿

　　每當身體疲累，每當心靈低落的時候，我就會想起這一句話：我從故鄉來，送你大愛光。政學加油！好好送著光，看顧著生命，等時候到了，衣錦返故鄉。

　　在我心裡，永遠會記得提醒自己：就修每一天遇到的，就煉如何用大愛光，我從故鄉來，送你大愛光。

　　親愛的伙伴，祝福你有美好且感動的一天！希望你有收到政學送來的光。大愛光祝福你！

筆落 2012 年 12 月 3 日 08:29:30

拼血脈前途

機會來了 我等到了

昨晚的學員班會裡，恭聽大愛光老師指引今年血脈報恩班的殊勝，內心有好多的感動。心裡想著，機會來了，我等到了。

回想當初還沒有進和氣大愛之前，就聽說有這麼一個血脈報恩班，而我是去年四月進週四傳光人班，所以要等到今年的四月初才有資格參這個班。我等了一年，也可以說，我等好久好久了。

渴望與血脈族親連結

想參血脈報恩班，一直是我來和氣大愛的最大動力。我的母親往生十餘年了，我一直想為她做點什麼，但一直不知道可以如何做，所以當我聽說有這麼一個班會時，我的內心是極度渴望的。

我渴望跟母親連結，跟血脈裡還放不下的親人連結，跟血脈裡所有的族親連結。

我先來 分享自己的看見

昨晚團煉前，大愛光老師要光團裡的伙伴，各自分享學員班第一季課程下來，在自己身上修煉的成果，也就是下載開放主元素後的成效。伙伴彼此互看對方，好像沒有人想當

第一個發言的人，這時候我只好當仁不讓，開口說：我先來！

我由自己的改變談起，我由一個常把自己關起來的生命，慢慢轉變為一個可以接納別人，願意把自己打開的生命。一路上慢慢把自己打開，學習如何完全開放，這是在我自己身上的看見。

接著談到我的家庭，談到家人之間關係的互動，談到自己在對待上的調整，以及家人回應上的改變，那一份親情的牽纏與成全，讓我有點哽咽到差點說不出話來，這是在我家人關係互動裡的看見。

接著談到在和氣大愛的修煉，服務學校的教學，基金會與協進會的運作，如何面對難題與如何用法過關，這些都是我的親身感受，大愛光就是如此慈悲。

用不同的法　一關關在過

在這一季裡，不斷地提醒自己：一切為我而設，一切都是我的錯。慢慢眼裡看到的，不再是別人又如何了，而是自己又怎麼了。

我試著接受別人的樣子，試著貼近這些生命，在家裡我接受孩子媽媽的樣子，接受三個孩子的不同樣子，我明白唯有如此，才有機會去改變這些生命。

同時，我也接受身邊所有靈脈關係人的樣子，學習對人不怨言，不起分別心，因為明白這些生命盡力了，而我也盡力了，彼此攜手進入一個和合的平台。

當我面對生活難題，需要協調事情，感到生命無助時，

我都會向大愛光稟告，請求大愛光慈悲，讓我的生命可以完全開放，具足更多的能力與智慧。

坦白說，我不是一位很認真的弟子，有時會偷懶，有時會貪玩，有時會抗拒，但我接受這樣的自己，也明白這是身上慣性在反撲。總有一天，時間到了，一切就順了。

拼血脈大圖 拼血脈前途

談到血脈報恩班像是在拼圖，而導師的職責是協助新伙伴看到自己是來拼那一塊圖的。我呢？我是新伙伴，也想知道自己是來拼那一塊圖的。

談到拼圖時，我心裡就在想：什麼是拼圖？拼圖的過程中，我可以看到什麼？這個問題的探問，很有趣的！要完成一幅大圖，每一個人都必須給出自己身上的那一小塊圖，如此才會拼出一幅大圖。在拼這塊血脈的大圖，也是在拼血脈的前途。

是給啊！不是拿

拼圖，是給啊，不是拿！是要我們給出自己有的，如此才能成就更大的；如果每個人只想拿，但都不想給，這幅大圖永遠也拼不出來。

一個都不能少

再來，一個都不能少！少了誰，就少了那一小塊圖，那麼這幅大圖也拼不出來，不是嗎？所以任何一位伙伴都不能

掉，掉了誰，那這幅大圖就有缺口，還是拼不齊。

你快 他慢 不會快

　　最後，你快，他慢，不會快！這幅大圖拼完的時間點，是決定在最後那一小塊圖放上去的時間，所以不能只是自己快，還要等伙伴跟上，還要協助伙伴，推伙伴進度。我和伙伴，伙伴和我，我們是一體的。我的進度，就是伙伴的進度，不是嗎？

大頭仔來了 想拼血脈前途

　　當我在聽大愛光老師心法，聽到拼圖這段比喻時，在我內心的感受好深。這拼圖的過程，不就是這樣嗎？而光團的運作，不也是這樣嗎？

　　我不是資深同修，更不是有法位的導師，我是一位新同修，一位想要學習的生命，一位渴望參血脈報恩班，想拼血脈大圖，血脈前途的靈子。這是我在聽心法時的感受，跟各位好伙伴分享。

　　期待下週五、六、日，三天的血脈報恩班，期待與母親，以及血脈族親，在班會裡連結。想好好抱抱她老人家，輕聲問：媽！你過得好嗎？大頭仔來了！（大頭仔是我小時候的乳名，因為我的腦袋瓜大，看起來笨笨的。）

　　親愛的伙伴，祝福你有美好的一天，而且天天都是這麼美好！大愛光祝福你！

　　　　　　　　　　筆落 2012 年 3 月 28 日 09:03:34

上車下車

相遇即有緣　聚是偶然　散是必然

「萬緣放下，一心向內。」這是我在立如松時，時常想起的大愛光老師指引。在我們生活周遭裡遇到的人，都是跟我們相約而來的生命，所謂相遇即是有緣。而關係越是親近，越是有著深厚的緣分。

聚是偶然，散是必然，聚散離合本是自然，緣起緣滅如是如來。要能看懂現在又在上演那一齣戲，心裡明白，也就好了。生活中念頭來了，不自覺上了車，記得要下車，其實也就夠了。

思緒飛　念頭起　一切都很正常

昨晚去慈場做小組護持，新伙伴提到立如松時，會有好多念頭起落，問說這樣正常嗎？如何克服這些現象？我第一次當小組護持，沒有很多經驗，我就跟新伙伴回說：一切都很正常！我自己也會啊！

這現象就像一杯混濁的水，久置一段時間後，裡面的雜質自然就顯現，而且看得很清楚。所以，立如松時出現思緒紛飛，念頭起落，甚至身體酸痛木麻脹，這一切都很正常。

如何克服？千萬不要用對抗的心來面對。這些頭腦的思緒、心裡的念頭，身體的不舒服感覺，都是我們生命的一部分。這些不是外在的東西，都是我們的生命特質，要能完全

接納，真心擁抱這些特質。

　　不要覺得這些思緒與念頭是不好的，也不要對抗身體出現的不舒服感覺，這些都是生命的重要訊息，是來幫助我們有機會更好的。

念頭起 上了車 記得要下車

　　一個念頭起來時，我們就好像上了一部列車，但列車到底開往哪裡，我們並不清楚，但我們就是上了車。這時候我們需要做的，就是看見自己上了車，跟了這列車走了，這是一列不知開往哪裡的車，我們被這列車帶著走，要能提醒自己：記得下車！

　　好多時候，我們就帶著一個執著的心念，一天接一天地活著，但完全沒有自覺，甚至不清楚自己上了這心念開出來的列車。一上了車，下不了車，一輩子就這麼過了。等到發現上錯車的時候，自己這一生也所剩無幾，來日不多了。

　　一個心念，就是一部由內心開出的列車，每個心念，都有各自想要去的目的地，但這個目的地，未必是我們內在老靈魂真正想要去的地方。當我們還在修煉學習的階段時，會不斷地上車，這沒有關係，不用太自責，看見就好了，然後記得下車。

聽心法 拔出苦 聞聲救苦

　　聽大愛光老師的心法，就是在喚醒沉睡中的老靈魂，讓老靈魂醒來，聽聞這些法音，明白自己又上了那一部列車，要能趕快下車，回到原有清淨的生命軌道。這不就是聞聲救

苦的意義嗎？聞著法，循著聲，拔出苦，回本位。所以，聽心法，也是立如松時，對治思緒紛飛，念頭起落的一個好方法。

狼狽：救人質 被車輾 不靠站

這幾天看著自己身上走過的一切，有時會覺得自己活得好狼狽。一部接一部的列車駛過來，不想上車還是得上車，因為人質就在車上，不上車救不了人質。

有時還來不及反應，當場就被列車輾過去，整個人被撞得魂飛四散，啞口無言啊！有時想下車卻下不了車，列車不靠站，不停車啊！只好在車上候著，等著列車一靠站馬上下車。

學做再來人 不做過去人

生命裡好多的功課在做，一齣齣相同劇本的戲碼，再怎麼演都是相同劇情，老狗吐不出新牙。人在戲中，不自覺入了戲，假戲真做，忘了在戲中啊！

我們都是再來人，再來的人，為什麼還會一再演著過去的戲碼呢？非但不是再來人，還成了過去人，活在過去的生命模式裡，活在過去的歷史戲碼中。

親愛的伙伴，問問自己：我現在又在演著那一齣戲？入戲了嗎？我現在又上了那一部列車？這車要開往哪裡呢？祝福你有美好的一天！大愛光祝福你！

筆落 2012 年 3 月 29 日 08:39:48

單純

生命本質：清楚、明白、自然

上週整個生活好忙，精神與身體的狀態都是一個個考驗，還在學習如何在動中找靜。清晨由卓蘭開車回竹東，接著趕到學校授課，再與專題學生進行討論，事情就這樣一件件進行著，目前還沒有結束。看著這一切，心裡在想：什麼是生命本質？

在忙碌的生活中，特別讓人容易回來思考這個問題，尤其是在生命經歷過好多發生時，更讓人想要回味生命的本質，一種內在的清淨感。

生命的本質，如同大愛光老師指引的，就是清清楚楚、明明白白、自自然然。好美！一種清楚、明白且自然的生命狀態！什麼時候，自己的生命才會來到這種清淨的境界呢？加油！

人越定靜 感受越深刻

每當自己可以在立如松稍微站進去的時候，就有機會感受這一份內在的清淨，雖然時間不長，但總是令人感到喜悅。整個人越定靜，感受就越深刻，就越能回到心中的那一片寧靜海。

問問自己：我能清楚自己怎麼了嗎？我能明白背後的成全為何嗎？我能自然順服一切的發生嗎？每一個提問，都是

一道道的門，推開門，進了門，就這麼帶著自己一步步走進生命的本質。

只是單純 只是關心 只是願意

一群接一群的學生終於走了，專題討論暫告一段落，這兩天沒動筆寫分享，難得可以有完整的一天半時間，可以回到卓蘭簡單生活，就只是勞動身體而完全不用頭腦，回到生命單純的感受。

四月份事情一樣好多，而且好多行程就這麼一件件冒出來，或許是生命的調性在轉變，自然就會有這些需要的因緣進來吧！其實我也不清楚，反正做就是了，用單純的動機來應對每一個發生的到來。

單純就是，多點修正，少點認知；多點真誠，少點應付；多點關心，少點算計。你說是嗎？問問自己：我的生活裡還保有多少的單純呢？

讓我們只是單純，只是關心，只是願意。忙了一天，給自己來一杯咖啡吧！晚上還有兩堂課等著。加油！

親愛的伙伴，讓我們可以回到生命本質，回到清楚明白自然的生命狀態；讓我們可以只是單純，只是關心身邊的每一個生命。祝福你有美好的午后時光！大愛光祝福你！

筆落 2012 年 4 月 2 日 16:14:23

心情札記

故事的某段

讓自己一直都在

第 8 幕

家一直都在
是我不肯回家

我明白家一直都在，是我自己不肯回家。我把心裡的這些聲音收了起來，不想問：為什麼光團不像家，慈場不像家，我還是沒有伙伴同行。我的心事沒有人可以說，我沒有感受到家人的那一份關懷。

臭臉

擺一張臭臉 給誰看啊！

昨晚在課堂上，跟學生分享如何看待上課學習這件事。我說：既然人都來了，就高高興興的，如果人不高興，就乾脆不要來；不要人來到課堂了，還是一付臭臉的樣子。

擺著一張臭臉給誰看啊！接著我說：回頭看看身邊的同學，現在誰一付臭臉的樣子？頓時，大伙互相看著對方，不自覺笑了出來，當然臉上原本緊繃的樣子，也因為這一笑而打開了。

是啊！我們到底擺一張臭臉給誰看！如果不滿意這環境，如果不高興來這裡，那就乾脆不要來，何必人都來了，還擺著一張臭臉呢？想想自己：什麼時候就是一付臭臉呢？

做什麼像什麼 不然就不要做

既然來了，就高高興興地學習；既然來了，就想辦法讓自己到位，不然來這裡上課做什麼？上課就是上課，其他的事都不要想，想再多也不能做，不是嗎？

人來了，心沒來，也只是來應付老師點名的，並不是真心來上課學習的，有需要把自己弄成這個樣子嗎？這是一種學習心態，做什麼就要像什麼，不然就不要做，否則做再多也一樣。

為什麼要擺一張臭臉、一張怪臉，或是一張乞討的臉

呢？原來是因為我們還想要，還想跟別人要東西，想在等著跟別人交換。這時候我們的心在外面，被外在的人事境給牽著走，我們常常是不快樂的，因為心都在外在的人事境上面。

我的心 被什麼給帶走了？

問問自己：我的心被什麼人、什麼事、什麼境，給帶走了呢？要能把心帶回到內在，但不是把心關在裡面。因為這樣人還是不快樂，而且整個人會變得悶悶的，因為我們把心關起來了，並不是把心帶回到裡面。

要能把自己解放出來，把心完全打開，讓心可以自由，可以做自己真正想做的事，而不是把心關起來，帶著滿身的枷鎖，每天只是用應付的心來生活。

你呢？每天在做的事，有多少是自己真正想做的事？你不累嗎？如果你累了，為什麼還要繼續下去呢？什麼才是你真正想做的事？你真正想過的生活？

自己不要怪 更不要怪別人

要讓自己只是單純，只是關心別人，千萬不要怪怪的。自己不要怪，更不要怪別人。問問自己：我會怪怪的嗎？還是我常常在怪別人呢？

人會怪怪的，就因為想跟別人要東西，所以才會變得怪怪的。比如，當我們跟別人要東西，跟別人討愛的時候，我們就會變得怪怪的，變得一點都不像自己，你說是嗎？

一個人怪怪久了，就會開始變壞，變得徹底失敗，最後

整個人就等著報廢回收，這是一種對自己的深層否定，我們否定了自己存在的價值。

祝你有張 知足感謝的笑臉

　　記得千萬不要再跟別人要東西，跟別人乞討什麼？因為別人沒有義務給我們這些，不是嗎？而且這些東西在我們裡面都有啊！

　　當我們不再要求了，不再乞討了，我們的心就不會再外放，心打開了，心自由了，可以開始做真正的自己，就不會有一張怪怪的臉，當然更不會有一張臭臭的臉。

　　親愛的伙伴，祝福你今天有一張知足的笑臉，有一張常感謝的笑臉！大愛光祝福你！

筆落 2012 年 4 月 3 日 08:33:39

三心

清明有雨　滋養人間有情

外頭依然還是下著雨，印象中好像清明當天都會有雨，此刻想到昨天在卓蘭種下的樹苗，遇到這一場清明的雨露，真是無限感恩在其中。

昨天一大早就一個人下到斜坡砍草，就這麼一直砍一直砍，大約二個小時就把屋前方斜坡的整個雜草砍好了。

高大的雜草倒下了，回頭望著一棵棵由草堆裡冒出的小樹，心中有股莫名的感動，前兩年種下的樹苗長大，慢慢長高變成小樹了，就這麼直立在斜坡上，領受著天地間陽光雨露的滋養。

三心：砍草心　整墓園心　清血脈心

砍著這些雜草的心情，跟在整理媽媽墓園雜草的心，是一樣的。其實媽媽是安厝在台南西港的納骨塔裡，打電話回去問爸爸何時會開塔祭拜，時間剛好是這個週日，我人在桃園慈場參血脈報恩班，所以無法趕回去，但我相信媽媽會來到班會中與我相會。

這是另一種對媽媽，也是對整個血脈的回報，透過自己在大班會中清理血脈，並且有機會光大整個血脈。是啊！砍草的心，就是整理墓園的心，也是清理血脈的心，這三心合體了，看見上天的這份慈悲心。

領著血脈族親 向上天頂禮叩謝

前天在週二學員班會裡，導師要我們團煉時想著血脈裡的族親，邀他們來到慈場接光轉軌，要我們在心中一個個點名，一個個邀請。

這時候在我內在出現了一個畫面，我以一個血脈傳光人的身分，身後領著我的父母，我的孩子，我的祖父母等等血脈族親，好多好多的族親，有些我都沒見過面，不認識他們是誰，但感覺就是血脈族親的一員。

他們跟著我一起向法台，向上天頂禮叩謝，在和氣大愛裡面，沒有導師教我要這麼觀想，我也沒有參過這個班會，但是當下的畫面就是這麼清楚，突然明白自己身上的責任好大，血脈族親們好渴望接光轉軌。

一人參班 血脈族親同受益

我在共修時也跟伙伴分享，當下我的心情是平靜安詳，而且充滿喜悅。

你知道嗎？以前想到我媽媽時，想到她一生的辛苦，離開人世時受盡病痛折磨，我的心情總是感傷成分居多。

但是當晚這份感傷沒有了，取而代之的，是一股喜悅的感受。我明白不是我一個人在參班而已，而是所有血脈族親都跟著我一起在參班，他們等這個機會，等好久了。

現在只要想到我一個人立在天地間的時候，就會觀想我不是一個人，我代表千千萬萬的血脈族親在聞法接法。

這是一份上天的慈悲，讓陰陽兩界的族親，可以透過大愛光，透過法慈場的垂降，來圓滿靈子想要報血脈親恩的心。

親愛的媽媽！我愛您！

　　親愛的伙伴，在這個清明時節，你會想起誰？

　　你會想要跟哪位往生親人說一聲：我愛你！我好想你！想到誰，就趕快在心中跟他說，他一定會收到這份祝福，他會好歡喜的。

　　這是一個靈子報答血脈親恩的平台，讓我們一起護持這個垂降的法慈場，在心中感恩上天的這份慈悲。

　　我雖然初次參這個班會，不太清楚整個流程，但我相信一定會有不可思議的遇見，期待有機會再跟各位分享。大愛光祝福你！

筆落 2012 年 4 月 5 日 18:29:09

二意

所有的得到 在失去之後

剛結束早上兩堂總體經濟分析的授課，人回到研究室稍作休息，三天的血脈報恩班盛會，心中有不少的感受，想用文字落下這些感受。就先由參班之前的一些發生，到進了班之後的一些看見，來回應這一份上天的慈悲。

在落下文字的此刻，一句話浮了上來：所有的得到往往是在失去之後。我們往往想要得到，而且是想要「先得到」，如此才願意付出，我們無法接受「先失去」的狀況。

但是天地的法則不是這樣的，這法則是：要先可以失去，才可能真正得到。否則看似得到的一切，也不會留住太久，馬上就會再失去，因為這個得到，不是真正的得到。

付出去的學費 下個月回來了

談談在我身上的兩個看見吧！就當成是在聽一個平凡生命的真實感受。

我在大學裡教書，薪資待遇相對其他人來得好，但因為一個人要撐起一家人生活，加上竹東住家房貸，以及卓蘭農舍興建時的貸款，其實我每個月的收入，幾乎是不夠支出使用。所以這麼多年下來，一直都是負債，而且接近千萬元。

這樣的經濟基礎，坦白說，並沒有太多的錢財可以使用。但是當我這麼一位新同修在報名課程時，看到一年全參

的費用是七萬元時，我的心沒有猶豫，沒有叫窮，沒有退縮。我需要的只是讓我分七期來付款，所以我一個月付一萬元的學費。

這樣的心念，在我付出首期學費後，下個月突然就有公司與學校，找我四月份去授課與演講，總計有六場次。這些公司我完全不認識，他們之所以找上我，純粹是人資部門在網路上搜尋的緣分，或是有人大力推薦而促成，六場次的費用，加上一次開會出席的車馬費，大概就是七萬元。付出去的學費，沒多久就回來了。

參班前我沒有細想這個發生，參班後我才明白這是錢財的流通，是一個資源流通的迴路，心中了悟這一份上天的慈悲。

寫分享 法佈施 關係得圓滿

接著參班後，當我以一位師姊過往家人的身分被連結時，師姊分享中談到她的仇怨盡化，一切關係圓滿。同樣的，這份慈悲一樣回到我的身上，也正在化掉我身上這份關係的不圓滿。

在參班下課的時間，無意間與大愛光老師相遇，大愛光老師跟我說：政學啊！收到不少禮物了吧！你知道為什麼你的進度跑得這麼快嗎？就因為你一直在寫分享，一直在做法佈施，所以一切會化得這麼快。

現在慈場搬來桃園，離你家更近了，好像就在隔壁，該出來做點事了，該就法位了。聽了這一席話，聽懂了，回答

大愛光老師說：政學明白！

這是我的第二個看見，當初發心寫分享，護持這樣一個同修寫分享的平台。做這一件事，從去年十月開始寫，寫到現在也寫了一百七十餘篇了。

不是每一篇都放在電子報或學員班訊息刊載，但都會放到我的部落格裡面，希望透過這些文字，來跟所有尋光的生命相遇。

談不上接引，但就是一份心願，過程中不論遇到什麼嘲諷與指責，就是不能關掉，不能停筆，就是一直寫下去。人來到血脈報恩班會裡，終於看見了這一份上天的慈悲。

大愛光慈悲：先使用 後付款

唉！一切的得到往往是在失去之後啊！當我們不能夠失去，不願意給予，不可以付出時，我們就永遠得不到，永遠無法真正的得到。

大愛光是慈悲的，往往會先給靈子們，會讓靈子們先得到，猶如先使用後付款，但是如果我們不懂得這份慈悲，不懂得要付出，那這一份得到是會再失去的。

所以，只要我們能夠承受失去，願意給出更多，那經由資源流通回來的得到，會是真實的，而且得到的更比失去的還要多。

二意：二份上天慈悲的美意

這是今天跟各位分享的兩個看見，是兩份上天慈悲的美

意，就稱為「二意」，來呼應上一篇的「三心」，三顆靈子思親報恩的心，遇見二份上天慈悲的美意，組成另類的「三心二意」。

　　有時間會再透過文字，來整理與分享這三天裡的內心感受，期待與你在光的時空裡相會。祝福你有美好的一天！大愛光祝福你！

筆落 2012 年 4 月 9 日 12:46:39

我要甜蜜

我 1104 期　滿週歲了！

夜深了，忙了一整天的我，洗好澡之後，精神又回來了。寫分享的這雙手，想透過手指頭滑動著鍵盤，一字字敲下對上天的感謝。

談個小插曲！晚上收電子信件時，班會裡連接我的師姊，也連結上我的文字，發信問我是 1104 期，還是 0104 期的師兄？因為印象中，我是新同修，但學員班訊息上面標的是 0104 期，所以有點混淆。

我回說：政學 1104 期。哇！真是開心，和氣大愛中心幫我這位剛滿週歲的同修，一下子加了十年的功力。

笑點很低：下載甜蜜喜悅

參血脈報恩班的前幾天，我發現自己的笑點突然變得很低，來到慈場的時候，人很容易就笑開來，這一點都不像平常的我，但我並不清楚為什麼會變成這個樣子。

參完班後，我明白了。原來參班前，我就一直在下載家族血脈裡，欠缺的甜蜜喜悅元素，這是上天垂降的慈悲。

我的母親年輕時就有糖尿病，媽媽的姊妹們都有，外祖母也有糖尿病。這現象說明在我家族的血脈裡面，欠缺甜蜜喜悅的元素。

在我參班之前，其實就已經在為整個血脈下載這個元

素，所以參班前的幾天，整個人的笑點突然降得很低，時時充滿喜悅，也沐浴在甜蜜的對待裡。看懂了，也就明白了這一份慈悲，心中更是無限感恩在其中。

運轉迴路：感恩　擴大　複製　傳承

提醒自己：要用感恩的心，下載這個甜蜜喜悅的光明元素，然後加以擴大，並且複製這個元素，然後傳承給後代的子孫，這就是光明元素運轉的迴路。

長遠以來，家族血脈就是欠缺甜蜜，就是缺少喜悅的感覺，所以讓糖尿病一直在血脈裡面存留下來。

如何轉軌：修煉加上行願

現在我有機會透過法慈場，不斷下載這個光明元素，一次接一次清洗血脈裡的負面遮障。

下載後再經由修煉過程中，認知、觀照、覺察與轉化。同時透過行願，來和老靈魂的本願連結。如此，就有機會來轉換血脈的宿命軌道。

下載光明元素：信任

此外，在這次班會裡，自己也了悟到血脈裡面存在的一個光明元素，就是信任。無論曾經被人騙過多少次，不管別人如何不公對待，依然還是選擇信任，也就是一種完全的相信。

如果因為信任人而被騙走錢財，或是被自己親友惡意倒

債，我們除了損失不少錢財外，也因而變得不再信任人。

那麼回頭看這一幕，我們損失的，不只是金錢，而是連我們對人的信任，也被帶走了，這是多不划算的一筆交易。親愛的伙伴，願你有一個美好甜蜜的夢！大愛光祝福你！

筆落 2012 年 4 月 10 日 01:24:49

讓自己一直都在

我願終其一生 護持大愛光

先找媽媽 還是先成全

媽！你在哪裡？大頭仔找不到你啊！

今年是我第一次參血脈報恩班，原本導師要我專心跟親人連接，所以沒有報名做任何護法的工作，其實我的資歷非常菜，大概也只夠資格站通道護法。

第一天主班傳導師徵求護法，其中通道護法還缺四十餘位，所以雖然我很想快點連接我的母親，但我還是去登記站通道護法，想先成全其他師兄師姊找到他們的親人，這是我當下浮現的第一個心念。

找到了：母子相會慈光中

第二天下午正式連接時，我站在通道上等著被其他同修連接，但是法會一開始，我就感覺媽媽來了，於是我舉起手請護法人員協助我去連接媽媽。

第一個通路來回走了兩次，我還是找不到媽媽，心裡有點急了。這時候大愛光老師慈悲，馬上就說：如果在這個通道裡繞了兩圈還找不到的人，請護法協助帶到另一條通道去找。

結果我就被引領到另一條通道，找了一邊沒有，但是當要轉彎時，一碰到那位師姊，我就知道媽媽來了，於是在她懷裡失聲痛哭。

這個哭不同於以往，這個哭沒有了悲傷，反而帶著些許感謝，我只想抱著媽媽，重溫孩童時的那份親情，沒想說什麼話，媽媽也沒說話，我們母子就這樣相會在慈光中，一切盡在不言中。

跟時間賽跑：怕不夠時間被連接

連接完媽媽後，我跟護法師兄說：我要回通道去當護法。法會開始前，我原本申請想連結媽媽外，還想連接爸爸與大兒子。但是回到通道之後，我完全沒有想要連接父親與大兒子，反而強烈想要站通道護法，讓別人透過我來連接其親人。

坦白說，過程中我的人是累的，但無論再怎麼累，一連接完，我就回去站通道，我好像在跟時間賽跑，想讓更多人可以圓滿心願。

我不是急著想要連接我的更多親人，反而是怕不夠時間讓別人來連接，這是我第一次參班時示現的心願。這次我被四位師姊連接，分別是她們的父親與先生，細節不說，不該說的，也不會寫成文字。很感恩其中有兩位師姊幫我做大愛手，讓我感受到那一份對親人的愛，有著無限愛在其中。

會親時間：共修做功課

第三天早上的時間，只夠我跟兩位師姊簡短會親，往後還需要更多時間來共修，光是這麼簡短的共修，就讓我明白家族血脈裡，缺少了什麼光明元素，也就是需要下載什麼光

明元素。

　　同時也明白家族血脈裡，具有什麼樣的光明元素，一直被負面能量給遮障住，需要把這光明元素加以發揚光大。

　　上篇分享提到，我的血脈缺乏甜蜜喜悅，所以家族帶者糖尿病史，家族彼此互動非常少，幾乎是沒有往來的狀況。而血脈裡有一個正向光明的信任元素，一直留在血脈裡面，等著我把這個元素提振上來。

　　這一切就是這一年要做的功課，無論如何，就是要回到這個主題來檢視自己的修煉與行願，繞著這個主題來做功課。

我願終其一生　護持大愛光

　　談個插曲！當大愛光老師談到最後有些高靈等著連接，要同修們可以發更大的心願，讓這些高靈願意拾階而下。當我聽到「高靈」這兩個字的時候，我整個人觸電了，全身一陣麻，有一段時間整個人無法動彈。

　　此時，我在內心發著願——我愿終其一生護持大愛光，我願盡其所能奉獻大愛光。這時候我的心是感動的，淚水就這麼滑落了下來。是啊！生生世世，來了又走，走了又來，都走幾趟了，就是沒有充分使用，沒有好好利用這個肉身。當下，我明白了，是時候了。

　　我原本想要的連接，就在我連接完媽媽後，好像就圓滿，不想再連接了。接著想做的，就是護持其他同修找到他們的親人，成全這些生命想要報恩化怨的心願。

以上是我就法會連接部分的分享，希望能再一次透過文字，領著各位伙伴回到法會現場，再一次體會那一天在我們身上走過的感覺。祝福你有美好的一天！大愛光祝福你！

筆落 2012 年 4 月 10 日 12:52:19

讓自己一直都在

媽媽的手

媽媽的手：牽我的手 我握的手

對！是這雙媽媽的手！帶著我找到媽媽的！昨天跟傳導師共修時，傳導師要我再往裡面看，是什麼特徵讓我感覺當天這位通道上的師姊，就是我媽媽。

我做著這個功課，突然想到了：是媽媽的手！這是留在我心裡的印記，那一雙小時候牽著我的手，那一雙在病床邊我緊握的手，太多的感覺都在那一雙媽媽的手上面。是那一雙媽媽的手，讓我找到媽媽的！

可憐的孩子：無助 無奈

十餘年前媽媽進了醫院，就再也沒有回家了。人躺在病床上近一年，在醫院裡我就是一直握著她的手，但是她沒有跟我說過任何一句話，只是偶爾用眼神看著我。

那時候的我，覺得自己好沒用，我拿到博士學位，在大學校園裡當老師，又怎樣呢？因為我完全幫不上忙，只能看著媽媽的身體一天天削瘦，精神一天天渙散。我其實是一個無助無奈、可可憐憐的孩子，我完全幫不上媽媽任何的需要。

媽媽笑了：大頭仔幫您做大愛手

昨天開始，我明白自己可以送光給媽媽。我在觀想中回到十餘年前，回到媽媽的病床邊，我拉起了她的手，在她耳

邊細聲跟她說：媽！大頭仔幫您做大愛手喔！接著，我跪了下來，就在病床邊幫媽媽做大愛手，一直做到看見媽媽張開眼，看見媽媽兩邊嘴角笑了起來。

我的眼淚不聽使喚落了下來，這是串串感恩的淚，心裡喊著：媽媽笑了！我不再是那一個無助可憐的小男生，我已經是家族血脈轉軌的傳光人。

我不再只是自責，覺得自己好沒用；我明白自己可以回到過去，回到那個病床邊，送光給媽媽，真實地幫媽媽做大愛手。看見媽媽笑了！她真的笑了！

衣錦還鄉：血脈轉軌的傳光人

這是今天一個小小的分享，裡頭有著對大愛光法慈悲的感恩。現在只要我立如松時，我就會一次次回到十餘年前的那個病床邊，一次次幫媽媽做大愛手，這就是血脈報恩法的慈悲，也是以前大愛光老師提到的衣錦還鄉。

我會用法了。我一次次回到生命中無助的諸多場景，帶著滿滿的大愛光回故鄉，不再對過去只是悔恨與無助。

感謝各位的到來與護持，這是今天跟大家分享的文字，我準備要上台北授課了。祝福你有美好感動的一天！大愛光祝福你！

筆落 2012 年 4 月 11 日 11:12:08

孩子的話

孩子的話：我不應該……

爸！對不起！我不應該把剛才對哥哥的氣出在你身上，請原諒我！這是我的小兒子，之前跑網咖而被我棍子侍候的那一位。這是他前晚對我說的一段話，當下的我，心滿滿的溫暖。

前晚帶著孩子媽媽及兩個兒子去了一趟台北，祝福活動結束返回新竹的途中，兩個兄弟又在車上吵了起來。我開著車忍不住講了幾句，當然也被箭射中了，孩子反嗆了回來。

之後我不再開口，但心情始終一樣平靜，沒有太多的情緒起伏，反倒是在心裡祝福這一對兄弟，這是我血脈功課的一部分。

真情告白：孩子成了我的老師

前晚回到家裡，小兒子來到我樓上的書房找我，跟我講了上面的那一段話。我回孩子說：爸爸很高興聽到你說的這些話！很開心你可以看見自己怎麼了？

你知道嗎？要讓一個人看見自己怎麼了？是一件多麼不容易的事，何況是小孩子。但是當下這個孩子看見自己了，我完全肯定孩子的這一份告白，此時這孩子成了我的老師。

每一位來到家裡面的孩子，都是一個個老靈魂，都是我

們的好老師，不斷啟發並教導我們好多智慧。我欣賞孩子身上的這一份真情告白，能夠看見自己錯了，而且願意趕快承認，這才是真實的勇氣。

說完心裡話 變得好輕鬆

之後我在洗澡的時候，這個孩子又跑來敲門說：爸爸！不知道為什麼？當我跟你說完話之後，我現在整個人變得好輕鬆，呼吸也順暢多了。

在浴室裡的我，心裡明白這個孩子收到禮物了，而我也收到屬於自己的這一份禮物。Present 是告白，也是禮物啊！

反哺報親恩 我是有用的

在血脈報恩班裡找到媽媽時，我終於可以好好在她懷裡喜悅地哭；最後我長大了，我有能力回過頭守護媽媽，讓媽媽在我的胳臂裡感到安全、得到支持，得到自己兒子對其報恩反哺的給予。

同樣的，我的孩子也回過頭教導我，讓我看見血脈裡的光明元素。讓我帶著感恩的心下載這個元素，然後擴大這個元素，學習完全複製並傳承給後代子孫。

透過文字的分享，猶如一次次的告白，這也是對上天的稟告——我是有用的，我是一個血脈轉軌的傳光人，我要帶著法慈場的慈悲，一次次回到血脈源頭去清洗。

護持法慈場 同登法平台

對我，血脈的功課才剛要開始做，唯心裡明白為什麼要做功課？而在做功課的過程中，更要學習如何覺醒了悟？這是一條自我療癒的道路，也是血脈清洗的最佳路徑。

謹以上列七篇文字，來跟各位分享自己參班前，參班中，完班後的一些感受，這是對自己生命的整理，也是對家族血脈的清洗。

這家族血脈的拼圖，大愛光法脈的拼圖，好像又尋回且拼上了一小塊。

讓我們一起護持血脈報恩法慈場，讓一個個不同的分享平台，一次次領著我們回到法會當天，回到跟親人相遇的那份感動，更讓我們明白自己可以是一個很有用的人。

祝福你有美好且感動的一天！大愛光祝福你！

筆落 2012 年 4 月 12 日 12:44:51

什麼人 忙什麼事

微涼的清晨 放鬆的感動

微涼的清晨，仰著面迎著風，輕風拍打著臉孔，親吻著臉上的每一個毛孔，整個人有種放鬆的感動。

這陣子忙到有點難以形容，生活就是一件事接著一件事，日子則是一天接著一天，說是一種忙碌，但也很接近活在當下的生命型態。因為生活裡的分秒突然被放大了，時間相對被填進更多的事物，生命的轉速加快了。

靈性趕上靈魂 靈魂追上身體

想動筆為這陣子的生命做點整理，輕聲問著自己：政學！還好嗎？加油！手指敲打鍵盤的同時，身心靈隨著文字的落下，也在調整呼吸與律動，希望靈性可以跟上靈魂，而靈魂可以追上身體。

這一週的行程同樣忙碌，有時想想生命可以如此被使用，可以多做些事情，其實也是另一種福氣。只是我自己還需要調整，還需要學習如何在動中找靜，在亂中找序，在忙中找閒，在空中找有。

不問為什麼 那接下來呢？

時常就是一個人開著車，把自己由一個地方，運送到另一個地方，好像已經不太問，也不太想，為什麼會這樣？反

而是會問：那接下來呢？

一件事情處理好，馬上就要處理下一件事情，沒有多餘的時間多想，因為一切都是我，一切為我量身訂做，我只需要想：接下來可以怎麼做！

前店到後廠 沒有別人了

今天是可以稍微放鬆，可以靜下來的一天。當然還是有教學影帶錄製，以及演講授課的講義要寫。往往人靜下來，就是做這些後製作業，等到需要上台時，就是粉墨登場，全力以赴了。這是另一種前店後廠的模式，只是不管在前店，或是後廠，都是同一個我在操盤。

由前店的台上退下來，就是進到後廠來準備教材，準備好了，時間一到，就又上台了。這一切算是老天在幫我配備更多的東西嗎？反正，歡喜接受就是了，不用想太多，做就是了。

倫理：把別人放心裡

生活就是一天接著一天，自然會有清醒的意識浮上來，是我在過日子，而不是日子在過我。

昨天在演講會場上，有位台下的老師問我：楊老師！你覺得什麼是倫理？什麼又是道德？我說這個問題，以前也有被問過，我回這位老師說：倫理簡單地說，就是把別人放心裡，也就是說我們在考量一個決策時，會把不同關係人的利益同時放進來考量。

道德：拿時間做什麼

道德簡單地說，就是你都拿時間做什麼？你每天都花時間做什麼事，自然就是在告訴別人你是一個什麼樣的人。

問問自己：我有把別人放心裡嗎？還是我都只想到自己，只管自己好就好了？我都拿時間做什麼呢？我每天都在忙什麼？是忙自己的利益得失，還是忙團體的公益成長？

什麼樣的人 忙什麼樣的事

你是一個什麼樣的人？就看你每天都在忙什麼事，就知道了。你每天在忙的事，每天花時間在做的事，每天心力投注的事，其實就是你存在的價值觀。你在乎什麼，在意什麼，自然就會把心思放在那個地方。

親愛的伙伴，在這微涼的早上，祝福你有美好感動的一天！大愛光祝福你！

筆落 2012 年 4 月 17 日 09:27:41

家一直都在

淡淡的霧　微微的我

　　淡淡的霧還是鎖著竹東住家社區，妝點著一棟棟房子，一棵棵大樹，形成一整片夢幻的美境。內在的這顆心呢？還鎖在霧裡嗎？還是撥霧見日了呢？

　　對！每天就是想辦法感動自己，因為不這樣不行，沒有感動的人生是黑白的。

一年了　還在做功課　還有感動嗎？

　　走進和氣大愛這條修煉路一年了，大愛光老師與各級導師教了我好多東西，同見同行的伙伴給了我好多分享，讓我可以慢慢在生活裡學習做功課。

　　在團體裡，我就是靜靜看著，看著導師如何帶人？看著組織如何運作？有時心裡會有些聲音跑出來，猶豫著是大聲真實地說出口，還是用心觀照後再發聲？不就是跟著走、照著做，所以各級導師怎麼說，就照著做就是了。

　　實際上，有時會覺得大愛光老師是這麼說，可是運作起來卻不是這樣在走？參完大班回來後，想要建立的法流與分享平台，好像除了週二學員班會外，其他管道慢慢消失中，似乎辦完了一場法會後，那一份感動沒有再持續下去了。

家一直都在　是我不肯回家

　　昨晚回到新竹慈場團煉，在學員班裡見到傳導師、光團

導師與好多伙伴，大家還是一樣親切可愛。大愛光老師常說：光團像一個家，慈場像一個家，和氣大愛像一個家，一個有著更多愛的家。

我必須坦白說，我回到光團，回到慈場，常常還是沒有家的感覺。這是我自己的問題，跟光團伙伴與慈場運作無關。我時常不覺得那是我的一個家，因為我得不到想要的關懷與支持，大家好客氣，好像客人，不像家人。

我明白家一直都在，是我自己不肯回家。我把心裡的這些聲音收了起來，不想問為什麼，不想問我的導師：為什麼光團不像家，慈場不像家，我還是沒有伙伴同行。我的心事沒有人可以說，我沒有感受到家人的那一份關懷。

是我的問題　我沒有先給出

回過頭問自己：我呢？我有給出光團伙伴關懷嗎？我有把他們當家人嗎？為什麼沒有？

除了學員班與參班的機會外，其餘時間我有跟伙伴連絡嗎？我明白這一切是我的問題，是我該好好省思與調整的地方。至於，組織運作的問題，我只是一位新同修，能看、能想，不能說，也不能做什麼。

不想裝沒事　就是寫真實感受

今天的文字，像極了晨間的白霧，淡淡的輕鎖著一切。這些內心感受可以不說，可以不寫，因為說了、寫了，可能讓人感到不舒服，也曝露了己修煉的水位有多低，所以才會有這些感受與聲音。

但這就是現在的我，一個水位還很低的傳光人，我不想裝著一切沒事，也不想裝著自己很好，我就是寫我感受到的一切真實情感。

時常每週二回到學員班，聽著大愛光老師指引時，我的心裡總會有聲音跑出來：老師說得好極了，但實際上不是這樣啊！

在光團裡我總是第一個發言，想辦法感動自己，但有時就是少了點感動；在組織裡我還是一直寫分享，想用文字送出光，但有時就是找不到平台。

家：傳光人的家 尋光客的家

如果你對今天的文字反感，請原諒政學，也請接受一位新同修的內心感受。看了一年，跟了一年，我明白這是一條一輩子都會走下去的道路。我好渴望這是一個充滿傳光人大愛的家，這是一個接引尋光客的家，我好希望和氣大愛、慈場與光團，真的就是一個家。

我明白家一直都在，是我自己不肯回家。但為什麼有那麼多的尋光客，有那麼多的傳光人，來到這裡找不到家的感覺呢？又為什麼一個個離家？一個個不肯回家呢？我要如何把他們帶回家呢？這個家讓人想回來嗎？

親愛的伙伴，感謝你的寬容，願意看完今天的文字分享。霧總會散，回家的路一直都在，我們總有相遇的一天，總會同心攜手回家。祝福你一天都好！大愛光祝福你！

筆落 2012 年 4 月 18 日 08:52:27

不錯過

紛擾的街頭　緩慢的自在

經歷完昨天忙碌的一天，或者可以說是忙碌的一週，甚至是一個月，今天稍微可以將步伐緩慢下來，調整一下自己的身心靈狀態。

昨天到台北信義大樓開完會後，接著錄製企業倫理的教學影帶，任務結束後，台北的天空，也慢慢暗了下來。獨自漫步在台北信義區的繁忙街道，不管身旁的行人步伐有多快，我依然用我自己的節奏，踩著自己的律動在走。

有時還會帶上大愛光老師教的行儀功法，就在這繁忙紛擾的台北街頭，一樣可以行儀，一樣可以緩慢，一樣可以自在。

生命就是體驗　就是充分經歷

來到誠品書店逛逛，面對開放架上的暢銷書，還有一牆接一牆的書，眼前的一切琳瑯滿目，但是好奇怪的感覺，竟然發現沒有一本是我想要看的書。好像生活裡追求的一切，不再只是那些道理、方法與技巧，反而是真實的經歷、體驗與了悟。

對！生命就是一趟體驗之旅，要能把握機會，好好經歷，好好體驗，好好了悟；然後再帶著這份對生命的了悟，回到生活裡去修、去煉、去行。生命之所以可貴，就在於那

一份充分經歷後，隨之而來的了悟。

自認為懂了 結果是錯過

我們往往習慣用我們的了解，用我們的認知，用頭腦層的認為，而不是真正的了悟，來取代生命可以親身經歷的機會。這機會不常有，有時要修好幾世才有獲得人身的機會，想到就好可惜。因為我們用頭腦層的認為，來取代親身經歷的機會，我們自認為懂了，自以為會了，卻不知我們錯過了。

問問自己：我是先用認為，先做評估，還是先經歷呢？我會不會自以為會了，自認為懂了，結果就不去經歷了呢？為什麼要親身聞法，要親赴班會呢？不就是課後聽錄音，看文字就好了嗎？一想，一用頭腦，一做評估，就錯過了。

異鄉逢知己：我愛的落羽松

在我離開誠品書店時，我沒有帶走任何一本書。踏出書店門口，仰望著天空，凝望著景物，突然望見旁樓的另一棟大樓前，兩邊各自種了三棵落羽松，這時候我整個人好開心，快速移動著喜悅的步伐，來到這六棵落羽松前，望著枝上新發的綠芽。

哇！這一切好美，好像在異鄉與知己重逢一樣的開心。把手輕輕貼在粗大的樹幹上，靜靜感受自己內在跟這個生命的交融，突然好想念散落在卓蘭蔓園四周的那一片落羽松。

每一次我去逛花市時，只要見到落羽松樹苗，就會情不自禁地帶回幾株栽種，再過幾年，我想卓蘭的住家，會隱身

在一整片的落羽松樹林裡面，而我就是那一位住在林中，在樹下漫步的閒人。生活再忙，也要在忙裡偷閒。

生命就是：經歷 體驗 不錯過

這一生的來，就是一趟生命的體驗之旅，讓我們好好帶著自己，充分經歷生活裡的所有發生，全然體會生命裡的所有祝福，相信這不僅是一趟體驗之旅，更是一趟了悟之旅。

生命就是充分經歷，就是全然體會，就是不錯過任何的發生。感受一下「不錯過」這三個字，有感覺嗎？

文字落到此，突然想起倉央嘉措的十誡詩。在這有點微涼的上午時光，用音樂與這首詩，祝福你有美好且感動的一天！大愛光祝福你！

筆落 2012 年 4 月 20 日 08:55:04

心情札記

故事的某段

讓自己一直都在

第 *9* 幕

別人眼中的你
都不是你

記得：別人眼中的你，都不是你。你扮演的任何一個角色，都不是你。你擁有的一切，都無法代表你。千萬別在別人的眼中，迷失了自己；千萬別在角色扮演中，迷失了自己；千萬別在擁有的事物中，迷失了自己。

把自己帶上

記得把自己帶上

生命裡還有多少感動呢？心回家了，感動就有。這幾天能量被撕裂得很嚴重，試著重新找回生命裡的感動，把自己再一次帶上。

把自己帶上？有感覺嗎？這是一種好深好深的感動。我們時常就是忘了帶上自己，把自己給掉了，而且掉了都不知道。

成群魚苗 微微的感動

昨天在卓蘭菱園有一個感動，就是在凝望屋前水池的池面時，突然有一團黑黑的髒東西，但奇怪的是，這團黑黑的髒東西會移動！靠近一看，原來是成群孵化的魚苗，好可愛！看到一大群魚苗成群游過來游過去，這些新生命的到來，讓原本心快枯竭的我，重新燃起微微的一陣感動。

就這麼看著這些生命，成群滑過來又滑過去，光注視這個景象，就令我感動到不行。後來，發現旁邊也有好幾群小的魚群出現，原來不只有一大群，還有幾個一小群的黑點在移動，看到整個人入境了。這顆心一進入，內心微微的淺笑，也隨之化掉身上些許的無助。

會哭 人活了下來

在生活裡慢慢不想說，不想寫，不想分享時，隨之而來的，就是不會哭，不會笑，沒有了感動。就因為生命還有感動，所以懂得如何哭、如何笑，進而願意說、願意寫，願意分享自己所擁有的一切。

會哭，代表人活了下來；會笑，代表一切沒事了。會哭，會笑，多好！這是多大的感動！

一起找感動 哭笑也可愛

今天早上第一堂課發完期中考卷，第二堂我就請學生蓋上書本，帶著台下的這群學生，一起找感動。我問學生最近過得如何，每一位我都問，他們每一位也都回答了我。

我由他們的回答裡發現，大部分的孩子都失去了感動，日子過得重覆無意義，生活變得好無聊。甚至，不知道自己過得好或不好，好像沒有什麼好，也沒有什麼不好，就只是一天天過日子，但沒有什麼值得回憶與感動。

很多時候，其實不是我們在過日子，而是日子在過我們，我們不再主導生活，而是在生活裡隨波而動。我們忘了什麼是感動，就只是拖著身軀一天天生活，不會說，不會寫，不會哭，不會笑。

感謝矛盾 推進度的慈悲

上週六早上大愛光老師在行儀功法中，指引平移重心的法理概念時，對應談到領導人的持質，其中有一句話令我印

象深刻，就是：感謝矛盾，都是推我進度的慈悲。

在我們身上一直有兩股不同的力量在拉扯與衝撞，這顯現在外的人事境矛盾，原來都是在推我們進度的慈悲。想到這一句話，淚水就在眼眶裡打轉著。是啊！苦難是祝福，矛盾是慈悲，一切是自己，自己是一切。

寫下這些文字，跟你分享我的一些感動，也祝福你找回感動，把自己再重新給帶上。會的，一切苦難與矛盾都會過去的，留下的盡是老天滿滿的祝福與慈悲。願你有一個美好的午后時光！大愛光祝福你！

筆落 2012 年 4 月 23 日 14:31:25

了怨了愿

記什麼 忘什麼 感謝什麼

今天早上的導師連線中，大愛光老師指引記恩、忘怨、常感謝的法理，內心有好深的感受。總結一句話：記就會持續來，感謝就會持續有，忘就不會再來。

至於，到底要記什麼？感謝什麼？忘什麼？就看每一個人的智慧了。記恩、忘怨、常感謝，是這一年自己要深入去做的功課。

記就是要 記就會持續來

談到記恩，記就是要，記恩就是向上天要恩惠，是一種資源的流通。記就會持續來，記恩就會持續來恩。

相對的，如果我們記的是怨，那麼持續來的就是怨，你要嗎？你要怨一直來嗎？如果不要，就不要記怨，不是嗎？你越記怨，這個怨就會一直持續來啊！聰明如你，該是選擇忘怨的時候了。

心出現不平 就開始有怨

什麼是怨呢？當我們的心開始出現不平、不順的時候，也就是開始有怨的徵兆。這是一股相約而來的負面能量，我們首先可以做的，就是自己要先忘怨，進而要真心懺悔，學會認錯改過。

這是我做得不好，還要再做的功課，如此對方自然會善罷鬆手，否則這股負面能量會一直糾纏不散。

忘就不會再來　忘怨就能了怨

所謂忘怨，忘就不會再來，能做到忘怨之後，這個怨就不會再來了，否則沒完沒了，我們不就是一直牽扯在其中嗎？不是你怨我，就是我怨你，何時可以了怨呢？

來世間走這麼一趟，不就是來了怨與了願的嗎？我們是來終結累世形成的怨，也是來圓滿老靈魂的願，既是了怨，也是了願。

感謝就會持續有　就能滿足不缺

要能常感謝，感謝就會持續有。我們在生活裡常感謝什麼，就會持續有什麼。如果我們對所擁有的一切感謝，那麼所擁有的這些東西就會越多。

常感謝的心，是滿足不缺的心，是持續擁有的心，更是充分享有的心。讓我們對自己所有擁有的一切，心存感謝，讓一切資源經由我們而通暢。

沒有別人的問題　都是我吸引來的

這幾天能量的衝撞，就是沒有做好記恩、忘怨、常感謝的功課。我心中啟動的怨，把這些相約而來的負面能量吸了過來。從來就沒有別人的問題，一切都是我吸引來的。

當我在人事境裡，帶著一顆不平與不順的心，其實就是

在啟動我內在的怨，然後這個怨就會把累世相約而來的負面能量，一個接著一個吸了過來。

忘怨還不夠　還要認錯改過

唉！看懂了，就要會做功課，要會忘怨啊！更要進一步懺悔，學會認錯改過，化掉一切身上帶來的怨。不論是我們怨別人的，還是別人怨我們的，就由我們開始做起，學會忘掉怨，這個怨就不會再來。

親愛的伙伴，你都記什麼？忘什麼？感謝什麼呢？讓我們放過自己吧！

不要記住那些負面的怨，而要選擇忘怨。不要忘記那些要報的恩，而是要能記恩。不要忘記要對我們所擁有的一切，常存感謝的心，因為感謝會讓擁有的一切，變得更多更多。

功課：做到足　做到夠　做到通

閉起眼睛，在心中告訴自己：我，楊政學！從今天開始，要用心做好記恩、忘怨、常感謝的功課，隨時提醒自己，觀照自己，覺察自己。

功課一次做不好，還做不到位，就再重做一次，做到足，做到夠，做到通為止。祝福你有美好的一天！大愛光祝福你！

筆落 2012 年 4 月 24 日 08:23:55

不要應付

楔子：回卓蘭過夜

昨晚週二學員班會結束後，直接開車返回卓蘭住家，因為今天在台中東海大學有四個小時的企訓課程，是有關於人際溝通與情緒管理的演講授課。於是昨晚提前回來過夜，打算今天再由卓蘭開車到東海大學講課。

老實修煉 不要應付

從昨晚到今早的晨煉，大愛光老師一直在談修煉的重要性，尤其是修煉習慣的養成更是重要。聽完大愛光老師的指引後，內心了悟我們要修煉的，其實不是追求那些理法與技巧，而是要學習如何面對自己的心，歸結就是「老實」兩個字。

問問自己：在修煉的這條路上，我有老實修煉嗎？老實就是腳踏實地，如法如實地做，不要應付啊！我們要應付的，其實是自己的這顆心，而不是外在的那些人事境。

記得提醒自己：不要應付！不要在人事境上面對應，從來就不是那些人、那些事、那些境的問題，而是我們自己這顆心的問題。在修煉上要老實，不要做表面，也不要應付。

老實修煉：修真 修實

修真，要講真心話，沒有感覺就說沒有感覺，沒有感動

就說沒有感動，不要盡說些客套話，要真誠說真話。修實，要如實操作，不跳過任何一個細節，不抄捷徑也不矇混過去，大愛光老師怎麼指引，就如實跟著做。

生活＝所有關係互動的集合

在修煉上要老實，在生活裡要老實，在關係裡更要老實，這是一項大功課。所有關係互動的集合，就是我們的生活。

你呢？活得好嗎？關係品質好嗎？關係好不好，直接影響的就是活得快不快樂。在什麼區塊不快樂，代表那個區塊的關係品質不好。

要應付的 是我們的心 不是人事境

文字來到這裡，心想為什麼活得不好？為什麼關係不好？原來就是不能老實，不能老實面對別人，更不能老實面對自己。

原來我們還是一直在人事境上應付，而忘了其實要面對的，要應付的，還是我們自己內在的這顆心。

老實承認 就會好

當我們可以老實面對自己，可以老實承認，如此就能接受自己。對內我們定靜下來了，對外我們不再應付了。是啊！老實承認就會好！早說，早認，不就好了！

在人際互動裡，我們往往要求別人要對我們老實，但我

們卻未必同等對別人老實。更重要的是，老實不是對別人的
要求，而是對我們自己的做到。

不要嫌棄自己 你是很美的生命

老實面對自己身上的感受，不要批判與指責自己，有各
種不同的情緒與狀態，沒有什麼不好，這些特質都是我們生
命的一部分。

嫌棄那一個部分，就是在嫌棄我們自己，如此就是不斷
地打擊自己，我們怎麼可能活得好呢？我們都是很美的生
命，值得擁有一切的美好。

記得：我們要應付的，從來就不是外在的那些人事境，
而是我們內在的這顆心。老老實實地面對自己經歷的一切，
我們自然能找回自己的初心，跟自己的生命再一次貼近。

親愛的伙伴，外面的天氣涼爽怡人，祝福你有美好的一
天！大愛光祝福你！

筆落 2012 年 4 月 25 日 08:44:40

只要有心

楔子：老樹根與浪子

為什麼要固定一個時段來修煉呢？隨性修煉難道不行嗎？對一個慣性與習氣都很重的我來說，固定時段修煉可不是一件容易的事。

有時候對一塊老樹根來說，可是要磨好久；有時候對一個浪子來說，要回頭可不簡單。過去的我，就是一塊老樹根，也是一個十足的浪子。

固定時段修煉，每天持續且不間斷，就是在養成我們的修煉習慣，這是一個不同於舊有慣性與習氣的新習慣，也是一個轉換宿命軌道的新軌道。軌道就是道路，轉軌後的新軌道，就是一條重生的道路。

內生變數：任由模式運算　宿命軌道

過去我是學經濟的，尤其是經濟模式的計量分析。我很清楚當一個模式建立之後，模式裡的各種變數，我們稱之為內生變數，會自動在模式中運算得出各種商品的數量與價格。

基本上，這些內生變數，我們是無法操控的，只能任由其在模式裡運算而得出不同數值。這情況有如我們身上的宿命軌道，原有的生命模式。

我們完全無法操控，只能任由生命裡的變數發生，在原

有的宿命模式裡找平衡，但卻無能為力，無法做生命的主人，無法改變生命的格局與限制。

外生變數：操控模式運算 天命軌道

當我們要利用經濟模式作評估與預測時，我們必須放進一個或多個變數，我們稱之為外生變數，如此這個外生變數進到模式後，就會帶來一定程度的影響，如此運算出來的商品數量與價格，會跟沒有加入這個變數前的數值完全不同。

而且這個外生變數造成的影響是全面性的，每一個商品的量與價都會被這個外生變數所影響。這情況有如我們在宿命軌道，或原有的生命模式裡，加進了一個修煉的外生變數，然後透過這個修煉變數來全面影響我們的生命品質。

同時，當我們可以持恆修煉時，這個影響除了全面性外，影響的程度也會時續加寬加深，如此就能由宿命軌道轉換到天命軌道。

修煉習慣＝固定時段＋不要間斷

這個加入生命模式的外生變數，可以是持恆修煉，也可以是服務行願。而固定時段的修煉方式，就是在穩固我們的修煉習慣，也就是在形塑我們的持恆修煉。這是我自己對於為什麼要固定時段修煉的體悟，跟各位做點心得的分享。

此外，除了固定時段修煉外，為什麼還要每天都修煉，不管時間長短是否可以一樣，最好就是不要間斷，因為一間斷了之後，又要重新累計天數，重新形塑這個習慣。

只要有心 不怕修煉難成

　　每天重覆一件事，重覆修煉這樣一件看起來有點單調無趣的事，其實是在收攝我們的這顆心。想想看，如果一件再簡單不過，不斷重覆且單調的事，做到最後可以做到不無聊，那代表什麼呢？其實是代表我們有心啊！我們有心，對嗎？

　　任何一件事情，只要我們有心，再單調、再重覆，都會變得有趣。但是只要我們無心，任何好玩的事，也會變得無趣。

　　原來不是事情單調或不單調，而是我們的心還在或不在？原來我們要應付的不是事情，而是我們內在的這一顆心。

　　固定時段修煉，一直持恆修煉，就是在修煉我們的這顆心。只要我們有心，不怕修煉習慣培養不成。這是我自己對持恆修煉的一點心得，跟各位好朋友分享。

　　親愛的伙伴，祝福你有美好的一天！大愛光祝福你！

　　　　　　　　　　　　　筆落 2012 年 4 月 27 日 08:46:54

魚頭 心燈

楔子：錦鯉 我的家人

昨晚結束學校進修部的授課，開車回到卓蘭時已經很晚了。等我進到屋內打開室內與戶外的燈光時，發現水池裡的錦鯉都浮到水面上來呼吸。

這情景一方面讓我可以好清楚看到牠們，錦鯉養了兩年，有的都已經長得好大了，清楚看到在水中的牠們，心裡有種莫名的感動與開心。原來，牠們也是我的家人啊。

魚頭 心燈 族親 法會

望著一個個冒出水面的魚頭，有的紅、有的白、有的黑、有的花，在燈光照射下，成了一個個的發光體，頓時把整個池面妝點得好美。

這一個個魚頭，有如一盞盞心燈在水面上隨波放送著大愛光，為這接連幾天溼冷的豪雨，還有許多無辜受害的生命，在誦唸著法語與祝福。誰說，這不是一場正在進行中的法會呢？

唉！一個個的魚頭，有如身陷苦海的血脈族親；一個個的心燈，妝點慈悲垂降的超度法會。望著這一幕，你可以想像嗎？我的心好感動。

不就是一個水池，不就是一群錦鯉，怎麼會看成血脈族親，怎麼會看成超度法會。當時，凌晨二點多了！心還是澎

湃不已！

放水 放血 換水 換血

　　另一方面，這情景也讓我好擔心，因為這不是一個好現象。錦鯉浮出水面來呼吸，代表池水的含氧量不足，整個水池的生態條件變差了，所以今天早上起來後，我就立刻把池水放掉一些，再開馬達抽水上來，做了一個小時左右的換水動作。

　　換完池水後發現，錦鯉就沉下去不太浮出水面呼吸，代表這個換水的動作，改善了水中的含氧量。預計接近中午時再換一次，到傍晚時再換一次，確保魚群可以有好的生存條件。我想，這是目前我可以做的。

溝通心法：放下自己 成為別人

　　昨晚課堂上跟學生分享了人際的問題，談到人際的功課有兩個，一個是溝通，一個是關係，也就是人際的溝通與關係，就這兩個功課在人際中修煉。

　　什麼是溝通，不就是做到：放下自己，成為別人嗎？溝通的好壞，就來自於我們有多快放下自己？有多快可以成為別人，用對方的角度來看待這一件事情。

　　而在人際溝通裡，最需要溝通的，就是跟自己溝通。問問自己：我好溝通嗎？我會溝通嗎？我能跟自己溝通嗎？常常我們只是有溝，但沒有通。

光中對話：跟自己好好溝通

在和氣大愛裡，我們時常會在光中對話，不論是跟自己或跟別人，這種光中對話的模式，其實就是很好的溝通模式。

因為在光中，我們可以完全放下自己，相對就容易同理對方，就能接受對方的立場與心情。所以，經常在光中進行自我對話，就是一次次再跟自己溝通。

溝通來到最後，就只是單純想要關心人而已，我們想要做的是對人的關心。溝通的重點在人的身上，對人送出我們的關心，而不是在事的上面對應。

事情不是重點，事情比較像是一個平台，讓我們有機會做好對自己，對別人想要表達的關心。

東問西問：透過事來關心人

原來我們都是透過事情，來間接表達對人的關心。如同我們打電話回去問爸媽吃了沒有？東問西問，繞在一堆事情的提問上，就是不直接告訴爸媽：我好想你們！我好愛你們！

原來我們不習慣這種直接表達，反而是透過東問西問的方式來表達這份關心。要會看啊！有時候父母或師長，也是東問西問來表達對兒女或子弟的關心，甚至有時會用較重的語氣來表達更深厚的期盼與情感。

會看，就會懂這一份關愛與慈悲；不會看，就會認為是被人責備。記得：人家之所以願意講我們不好，是因為人家看得起我們啊！

共修：在一起共同學習

在和氣大愛或是任何的組織裡，都是一群人在一起做人際修煉的大好機會，一群人在一起共同學習，所以叫做共修。

每次班會團煉完都會有所謂的共修時間，就是要我們在人際裡共同學習。

同修：我修理你 你修理我

那麼什麼叫同修呢？在團體裡我們有好多同修，夫妻間如果同時走修煉道路，也可以互稱彼此為同修，也就是我修理你，你修理我，所以叫做同修。

真是好玩！原來，我們就是欠別人修理啊！

自我變小了 組織空間就變大了

在人際溝通的功課裡，就只是學習如何放下自己，成為別人，也就是學習如何離開自己，成為對方。

溝通就是一個放下自我的修煉，當這個自我變小了，組織的空間就變大了。

孤單的福氣 簡單的幸福

今天早上就先分享人際溝通的一小部分，有機會再談更多議題，還有人際關係這個大功課。一邊寫著分享，一邊喝著為自己煮的黑咖啡。

在一個人的孤單裡，誰說不是一種福氣呢？在一個人的

簡單裡，何嘗不是一種幸福呢？

你是好美的生命　值得擁有一切美好

在我們的裡面，其實什麼都有，我們不需要向外追尋，我們只需要看見，只需要發現，原來我們是一個多美的生命。

你絕對值得擁有人世間美好的一切，絕對值得好好活過上天給你的每一天。不是只有你而已，政學也是一樣，我們每一個人都是一個個美好的生命。

親愛的伙伴，希望今天送出的文字，可以讓你感受到一點光，可以帶給你一些美好與感動。

告訴自己：我好美！我是一個好美的生命！大愛光會永遠眷顧著你！

筆落 2012 年 4 月 28 日 09:56:03

讓自己一直都在

兼程趕路

楔子：為什麼這樣……

如果一件事情交給某個人來做，會做得不到位，會做得不如預期的好，為什麼還要交給這個人來做呢？如果組織的領導人做了這個決定，你有想過為什麼嗎？這情況有如在和氣大愛裡面，上週四正式展開的傳光人初階班會中，對新同修採取一對一小組護持的方式來進行。

大愛光老師明明知道有的小組護持，是第一次做護持的工作，像我自己就是第一次做護持。這些同修可能或根本沒有能力護持，那為什麼還要讓這些同修來做這樣的一件護持工作呢？

著重事的達成 還是人的成為

對新同修的護持，如果找資深同修來做，一定是做得比較到位，也會做得更好。但為什麼大愛光老師要做這樣的安排呢？原因就在於：重點放在事的達成，還是人的成為上面。這是一個事或人的抉擇問題。

如果組織要的是事情的達成，那麼當然會用有經驗的人來做，因為如此可以確保良好績效的達成。但是如果組織要的是人的成為，那麼讓沒有經驗的人來做，是在培養這些人的能力，是在做人的養成。

兼程趕路 快快跟上 一樣可成

以和氣大愛來看，用有經驗的資深同修來做護持的工作，當然可以有很好的護持績效，這些資深同修也能不斷向上提昇。但是對那些沒有經驗，也有心想要做護持工作的同修來說，可能就因而少了很多學習與成長的機會。

大愛光老師看重的是，如何透過護持工作，來讓那些有心願走大愛光道路的靈子，可以在未來玉成無數個靈性導師。這是在玉成導師人才，也是在讓人成為的思維。

組織可以犧牲一點績效，但絕對要玉成更多的靈性導師，也就是讓我們這些沒有護持經驗的同修，可以用兼程趕路的方式，儘快跟上法流與組織的步伐，一樣可以成為靈性導師。

想要做的事：複製＋傳承

領導人的工作是什麼？就是培養更多優秀的領導人。各級導師的工作是什麼？就是帶出更多優秀的各級導師。回到家庭裡面，父母的工作又是什麼？答案很明顯，就是把自己的子女，培育成未來一個個優秀的父母。一切就是複製，不是嗎？

複製，就是把我們身上得到的一切好處，用祝福與感謝的心，對等回應跟我們有緣相遇的每一個生命，讓這些生命也有機會得到我們得到的一切好處。這也是一種傳承，因為過去有人如此用心對待我們，所以當我們有機會時，也會如此一樣地用心對待別人。

不是好現象：為公忘私 為私忘公

是啊！這一年來，我就是在兼程趕路，自己程度差，起步也慢，所以只好兼程趕路。有時覺得生活已經夠忙了，但在和氣大愛修煉的時間越來越多，目前也在學習護持新同修，一直在公與私之間找平衡點。大愛光老師指引，為公忘私，為私忘公，都不是好現象。為公要有為私來做基礎；一切為私就是本末倒置。

感謝上天的這份慈悲，讓我有機會可以兼程趕路，讓我有機會學習護持生命，讓我有機會兼顧公私兩端，讓我有機會觀照心念生滅。在這一路上，有時會感到疲累，有時會想放棄，還好一顆初心還帶著。

全部都一樣：一路到底 一門深入

這一生的來，就是一個不斷在要的過程，東要這個，西要那個。為了滿足這些想要，我們不停地東學這個，西學那個。其實全部都一樣，就一條路走下去，就一法門修下去，只有兼程趕路的心理準備，沒有走不走或修不修的問題。

最後我們要學習的，就是學習放下，放下一切的要，放下一切的學。沒有什麼一定得要的，沒有什麼一定得學的，就只是回到最初的本質，我是一團光。親愛的伙伴，祝福你有美好的一天。大愛光祝福你！

筆落 2012 年 5 月 1 日 08:25:18

別人眼中的你 都不是你　　265

讓自己一直都在

楔子：怎麼會忙成……

怎麼會忙成這個樣子？終於有機會為自己泡杯咖啡，讓人整個休息一下，不自覺移動著手指，在桌前的鍵盤上敲打著文字，敍說此刻內心感受的一切。

今天輪到我講四二輪班別的課程，由早上到下午，總共六堂課；中午時段還去開個系導師會議，下午課程結束後，又著手弄明天下午企業倫理實務論壇的研習手冊。

不是時間不夠　是頭腦不清楚

事情一件件來，如何把心定住，不被事情牽動而煩躁，是一項很好的修煉功課。而且不論事情再怎麼繁雜，都要能夠做到沒有漏失，也就是在訓練自己如何做到無漏。

如何可以無漏呢？還是常常東忘西忘？常常就是會忘記些事情。當生活裡事情變繁雜時，就是在檢視我們是否可以做到無漏的最佳時機。有時候，不是我們的時間不夠多，而是我們的頭腦不夠清楚。從來就沒有時間的問題，只有頭腦清不清楚的問題。

一切都在成全　如何做到無漏

當我們的頭腦清楚，處理事情就會明快有效率，自然時間就能節省下來，而且事情不會漏失，這就是無漏。當我在

面對接踵而來的事物時，都會用這樣的角度來看待。

對！這一切都在成全我，都是在焠煉我如何可以做到無漏，而且可以不心煩氣躁。這是需要下功夫的，需要一次次被磨出來的。

修養好是假象　跟人一起試看看

在人際的修煉裡面，就是透過一次次人際的碰撞，來放下自我，來超越自我。自己身上的，都不是！跟人在一起，才是啊！

老是覺得自己修養很好，這都是假象；跟人在一起相處試看看，才發現原來自己修養真的很差。

告訴自己：下一個不會比較好！

我們都是透過跟人在一起，經由彼此個性的碰撞，來超越自己的限制，來放下自己的個性。如果來到和氣大愛，是我們自己選擇要來的，那麼記得告訴自己：下一個不會比較好啊！真的，下一個不會比較好。

來到任何一個組織，多少都會看到一些問題。但是我們也可以這麼看，就是其實組織沒有問題，是我們自己有問題。換言之，和氣大愛這個組織，也可以說「沒有問題」，原來有問題的，是「我們自己」啊！

來和氣大愛：不是來挑問題　是來修煉自己

我們不是來挑組織問題的，而是來組織裡面修煉自己

的，我們是透過在組織裡，跟不同的人相互碰撞，來學習超越自己的。

如果遇到不如己意，就離開這個組織，就認為這個組織有問題，一走了之，不容易嗎？誰不會拍拍屁股，義正嚴詞的離開？

我們如果有機會不同，如果有機會自我超越，就是因為我們沒有離開，就是因為我們還願意放下個性，還願意同心共願，這反而比一走了之，還困難許多。你說，是嗎？

是留下來 還是一走了之

留下來，比一走了之，還困難啊！我不知道這樣想，是不是可以得到認同，但是我是這麼在看組織與個人的關係。

如果來到一個組織，看到不滿意就失望，就選擇離開，那麼這樣的結局，一定是一直在重覆上演，一定是一個組織換過一個組織，可能永遠找不到心目中理想的組織。

相反的，如果來到一個組織，我們認同這個組織的理念，雖然在運作上會有需要改善的地方，但我們願意放下自己的認為，願意放下自己的個性，願意學習超越自我，那麼這個組織就成了自我修煉的最佳團隊。

不滿意組織，選擇離開組織，比較困難？還是不滿意組織，選擇留在組織，比較困難呢？你的答案是什麼？記得：如果這是你自己選的，下一個不會比較好啊！

組織裡的碰撞 是在試探初發心

　　文字來到這裡，突然感受到組織的那一份溫暖，突然明白老天的這一份慈悲，一切都是為我而設，一切都是我的需要。我會來到這裡，進到這個組織，一切都是我的需要。

　　一切的組織問題，一切的人際碰撞，都是在試探我們的初發心。問問自己：我的初發心還在嗎？當初我是怎麼來到這個組織的，為什麼現在這顆初發心不在了呢？

好美的承諾：讓自己一直都在！

　　讓自己最後還在，讓自己一直都在，這是多麼美的一個承諾啊！你可以嗎？你可以讓自己從頭到尾都在嗎？什麼樣的事，什麼樣的人，可以讓你一直都願意在呢？

　　用文字落下一些想法，感謝你的到來，看著這些文字，你還會在嗎？還會一直都在嗎？傍晚時分了，祝福你有美好的夜晚！大愛光祝福你！

筆落 2012 年 5 月 2 日 17:32:34

別人眼中的你　都不是你　269

我就是光

楔子：衝撞

來到五月份，先前寫下的兩篇文字，一篇「兼程趕路」，一篇「讓自己一直都在」，想必有些朋友讀得不太輕鬆，尤其是和氣大愛的同修，因為這些文字在衝撞我們內在的慣性與習氣。

衝撞，從來就不是一件舒服的事。尤其當我們知道，原來組織沒有問題，同修都很正常，是我們自己有問題時，衝撞就來了。只是現在這個撞擊，不再往外反擊，而是開始向內了。

別人眼中的你 都不是你

記得：別人眼中的你，都不是你。你扮演的任何一個角色，都不是你。你擁有的一切，都無法代表你。

千萬別在別人的眼中，迷失了自己；千萬別在角色扮演中，迷失了自己；千萬別在擁有的事物中，迷失了自己。

我就是我：不迷失在別人眼中

對我來說，別人眼中的政學，都不是我。因為每一個人眼中的我，都不會一樣，我到底要用那一個人眼中的我，來代表我這個人呢？

所以別人眼中的我，都不是真正的我，我不會迷失在別

人的眼中，更不需要博取別人的認同與肯定。

我就是我：不迷失在戲台上

在這個世上，我是父母的兒子，也是兒女的父親；我是老師的學生，也是學生的老師。我還有好多不同的身分，我有一長串的角色要扮演，有許多不同的責任要善盡，但我心裡很清楚，這些都不是我。

這些只是一齣接一齣的戲碼，這些都是跟我同台共戲的生命，我們是相約而來的伙伴，我好珍惜這些伙伴，但不會再一次迷失在戲裡，也明白這些角色，無論我喜歡或不喜歡，這都不是我。

我就是我：不迷失在擁有裡

到目前為止的人生，我擁有不錯的物資，擁有一個高學歷，擁有一份好工作。由過去到現在，我用盡一切的心力，換得了這一切。

無論這一切有多豐厚，都不能代表我，因為我並不等同於這一切擁有的事物。這些擁有的一切，只是我可以使用的配備，沒有一樣帶得走，最終都會過去的。

問問自己：我到底是誰？

你呢？你會在意別人眼中的你嗎？你會入戲太深而迷戀某一個角色嗎？你會緊抓擁有的一切嗎？

如果可以的話，找個時間，問問自己：我到底是誰？

別人*眼*中的你 都不是*你*　　271

我呢？我到底是誰？楊政學不是我，姓名只是我這一生，我這個人活在世上的一個代名詞。我在世上扮演的一切角色，所擁有的一切東西，都不是我啊。

我就是光：什麼都是 什麼都有

原來我什麼都是，什麼也都不是；原來我什麼都有，什麼也都沒有。我是一個清淨的本質，我是一團的光。我可以什麼都不是，也可以什麼都是；我可以什麼都沒有，也可以什麼都有。

我，就是上天恩賜給我的最好禮物。

我，是一個獨一無二，無比美好的生命。

不用在意別人的眼光，無論別人怎麼看我，我都是一個靈妙變化、萬物具有的生命。我就是我，我就是光，一團純淨的光。

窗外一樣下著雨，在書桌前寫下今天早上的文字，跟有緣相遇的你分享。祝福你有美好且感動的一天。記得：別人眼中的你，都不是你。大愛光祝福你！

筆落 2012 年 5 月 4 日 07:42:21

次數

楔子：月光光

　　我一直喜歡在沒有屋簷的天地間，靜靜感受著一切。今晚月光特別明亮，其實昨晚的月光就是如此。整個卓蘭住家就像被一個光罩祝福著，猶如遊子躺進母親的懷裡，感到特別的寧靜與安祥。月光為這夜的深邃與神秘，增添了些許明亮與素樸。

　　白天氣溫很高，不太適合在外頭長時間工作，回到屋內的我，總是習慣望著落地窗外的一切，無所事事的發著呆。明白腦子需要去整理好多事情，但就是不捨放下與眼前大自然共享的時光，這些該思考與處理的事務，就留到離開葭園再說吧！

不要理由 只要次數

　　你知道嗎？有時候，老天根本不要我們的理由，老天只要我們的次數。

　　在週六傳光人進階班會裡，大愛光老師細教行儀功法時，要同修反覆煉平移重心，就這個步驟，一次接著一次煉，至少要煉三千次以上，才會開始感覺到位。

　　是啊！就是不斷地累積次數，而且一次要比一次做得更好。在人生的這條路上，其實也是一樣的道理。

　　沒有為什麼？有的只是，我們可以多快再來一次。沒有

理由了？有的只是，我們可以多快再站起來。

只要還願意 就會一直有

有朋友問我：政學！寫分享會不會很花時間？是什麼動力讓你願意一直寫？我笑著回說：寫分享當然花時間，我早就不想寫了。

開玩笑的話！我曾經好幾次停筆不寫了，也曾經好幾次自我放棄，把自己給一次次關上。還好，我都會很快讓自己再來一次，讓自己再站起來。

什麼動力？我不知道耶！就是一份願意吧！只要我還願意，就不會到底，就會一直都有，就會一直寫下去。

寫分享這件事，何嘗不是在累積次數呢？老天根本不要我任何不寫的理由，沒有理由了，沒有為什麼，就只是不斷地寫。老天要的，只是我繼續寫分享的次數。

只要次數夠 自然能了悟

我相信，只要次數足夠，有些東西自然能夠了悟。在修煉這條路上，更是如此，就是一直煉，一直累積次數，不要用任何理由讓自己停下來，就是一直走下去。

人累了，就休息一下，休息夠了，就起身上路。失敗了，就痛哭一場，哭過之後，就再來一次。

對吧！就是次數，不是理由。任何的理由，都是讓次數不再增加的藉口。

每當我又用理由來讓自己不做的時候，就會在心裡輕聲

告訴自己：老天只要我的次數，不要我的理由。

　　望著屋外天上的月娘，有如望著天上的母親。原來這一生，就只是次數的積累，就只是多快可以再來一次。

　　在這月光遍照的夜裡，祝福你有滿滿的溫暖！大愛光祝福你！

筆落 2012 年 5 月 6 日 22:57:31

催進度

楔子：催……

最近功課又來了，不同的是，自己的心好像比較平靜了。就是靜靜透過這些人事境來觀照自己，來覺察自己身心靈的變化，進而想辦法弄好自己，用正向的心念來轉換這一切。是啊！這些人，這些事，這些境，都是催促自己上路的祝福。

怨：讓生命往後退

早上在聽大愛光老師指引時，有句話感受特別深，就是：為什麼會退呢？就是怨。反觀自己最近到來的功課，看見自己原來還有怨，自己一直在釋放怨的心念。這個忘怨的功課，我還沒有做到位，一切都是我自己招喚來的。

立如松：打通中軸 過濾怨

早上站一步椿時，我就在看自己平時如何散發怨的心念。怨就是生命中要過濾的雜質，如何過濾呢？就這三個字：立如松。

是啊！這些出功課給我的生命，就是在催我立如松的，不是嗎？自己散掉好幾天了，也沒好好做功課，狀態不掉才奇怪。

在我們的生活裡，經由持恆的立如松，就可以打通中

軸，就能夠大量接光，心裡的一切堵塞，自然可以被清除，此時心當然就會開。當我們的中軸通貫，就能大量接光進來，一切的愛恨情仇自然消融在光中。

不要覺得自己不夠好

在這些怨的心念裡面，有一個無形，最容易被自己忽略的怨，就是覺得自己不夠好，就是無法完全接受自己，也就是跟自己過不去。要能看清這個怨的源頭，用心坦白盤點怨，真心誠意接受自己，相信自己是一個美好的生命。

真心修忘怨　身心靈放光

真心修忘怨，接著好好實煉，一旦煉足煉夠，一切自然能化。這個真心修忘怨的功課，就是修心性的實煉功夫。一旦怨積久了，就會生出恨，然後就會怕，生命變得恐懼，沒有安全感。

在修忘怨的過程中，身心靈慢慢會變化，身會感到溫暖，心會感到安全，靈會感到光明。生命變得不再害怕，反而變得更加篤定。這些身心靈的變化，也是自己修心性的進度與指標。

一切是催我上路的祝福

輕輕閉起眼睛，想著最近發生的功課，這是多麼美的一份祝福。這些生命用他們的行為，讓我看見自己怎麼了，讓我明白自己是如何在一點一滴散發怨的心念，這是多麼棒的

禮物。

別人在用他們的怨與恨，來讓我看見自己怎麼了，同時也在催我快上路，催我立如松，催我就法位。

進度：照見自己 都是我的錯 一切為我而設

面對生活裡的人事境，尤其是令人沮喪，讓人恐懼的發生，我們還可以在這些發生裡面觀照一切嗎？可以透過這些人事境來照見自己嗎？

什麼時候，我們會對自己說：千錯萬錯都是我的錯。又什麼時候，我們可以領悟到：一切為我而設。

程序：盤點怨 接受自己 修正自己

如果可以的話，請好好把握來到生命裡的每一個發生，好好在這些人事境裡面盤點身上的怨，然後完全接受自己，千萬別為難自己。記得：任何人都可以為難你，但就是你別為難自己。

每當怨的心念一起，就護著自己立如松，就帶著自己修心性，好好在人事境裡觀照與覺察，看懂一切都是我的錯，明白一切為我而設，都是老天慈悲的祝福。

這一生不是來證明自己有多厲害的，而是來學習有多快修正自己的。不是證明，不用證明，只是修正，只要修正。親愛的伙伴，祝福你有美好的一天！大愛光祝福你！

筆落 2012 年 5 月 8 日 08:25:56

第 *10* 幕

跟自己和解
對自己滿意

問問自己：我跟自己和解了嗎？還帶著什麼樣的心念過日子呢？我能看懂且悟通，一切有緣相遇的生命都是護持嗎？我還會抱怨？還會憤怒嗎？我對自己滿意嗎？要能跟自己和解，要能對自己滿意。

很快就天亮

楔子：是非

　　你知道嗎？在這個世界上，只有是非之人，沒有是非之事。任何一個組織都一樣，組織其實沒有問題，有問題的是人，和氣大愛也是一樣。

　　更好玩的是，人就是要在這樣的組織修煉裡不斷成長。

寫到不想寫　才是真正的開始

　　一路寫分享寫到現在，心裡很明白一件事，就是：寫到不想寫，才是真正的開始。問問自己：我開始了嗎？

　　別人的批評與指教，都是一個個的溫度計，是來測水溫的，來檢證自己的火侯到哪了？如果跟著這些流言反應，無疑在降低自己的格，把自己降得跟對方一樣。

沒什麼兩樣　還是不一樣

　　記得課堂上，跟學生分享過一句話。意思是：如果人家那樣，你就這樣，那你跟他沒什麼兩樣。如果人家那樣，你還是一樣，那你就真的不一樣。

問問自己：我有不一樣了嗎？還是跟以前一樣呢？

用文字寫分享　將自己曝光

　　用文字剖析自己的感受，用分享來跟生命作交流，無疑

是將自己完全曝光，會有許多雙眼睛緊緊盯著，隨時會用各種方式侍候著。

想想：會有什麼樣的成長，比這樣的對待來得精實呢？就把這些當成是一份助力，一份催促自己上路的力量。

記得：很快就天亮了！

下午跑了一趟東海慈場，參與事業體的企劃，結束後三位傳導師到訪卓蘭家裡，只有現煮咖啡可以請客。天黑了，也忙了一天，不久就是明天，天就亮了。記得：很快就天亮了！

在這條大愛光道路上，當我們走到不想走的時候，請記得：這才剛要開始而已。只要相信，只要願意，一定可以。我明白此刻，有些生命好苦，如同我過去生命經歷過的感受一樣。

過去的一切 完全沒有白費

唉！沒有過去的那些不好，現在自己也不會這麼好。過去的一切，無論是什麼，其實都沒有白費，一切都是來讓我們可以更堅強有力的。

無論此刻的你，正在經歷些什麼，請記得你並不孤單，至少你還有自己，也還有我這位朋友。

世界更好：傳送光 分享愛

一個分享光的團體，是帶給生命溫暖、希望與光明的團

體，而不是說背後話，挑動是非的團體。如果這個世界可以更好，是因為我們都在傳送光，是因為我們都在分享愛。

記得：所有的指責與控訴，都無法否定你存在的價值。只要你還有愛，只要你還相信，這個世界就會因為你的改變而改變。

親愛的伙伴，祝福你有一個平安美好的夜晚！大愛光祝福你！

筆落 2012 年 5 月 9 日 23:51:56

遇見七心

楔子：修什麼 煉什麼

我們每天生活裡的修與煉，到底是在修什麼？煉什麼？有想過嗎？原來是在修我們這顆心，是在修心性；原來是在煉我們這肉體，是在煉功體。

修心性，煉功體，就是我們上路前，也就是走大愛光道路前的準備。如果還沒準備好，也沒有關係，那就辛苦一點，兼程趕路還是可以的。

修心性 七階段 七顆心

大愛光老師最近指引同修，修心性的七個階段。當下我沒抄筆記，就用我身上浮現的一些話語，來分享這段指引在我身上走過的感受。

怨恨心：都是別人的錯

第一階段，是帶著怨恨心，身上的認知是：都是別人的錯。此時，全部心念在外面，是用一個受害者的身分在生活。你是嗎？如果是，你的生活一定過得很不快樂。

無奈心：看見自己的苦

第二階段，是帶著無奈心，身上的認知是：看見自己的苦。這時候，心慢慢向內了，可以覺察到自己所受的苦，但

還是無能為力的活著。你是嗎？如果是，你的生活一定充滿
著無力感。

同理心：看見別人的苦

第三階段，是帶著同理心，身上的感知是：看見別人或
血脈族親的苦。此時，不再只是感受到自己苦，還能夠同理
到別的生命也很苦，會帶著這一份同理心來對待周遭的生
命。

你是嗎？如果是，你的生活視野會加大，注意力不會只
在自己身上。

希望心：生出想要改變的心

第四階段，是帶著希望心，身上的感知是：生出想要改
變的心。看到一切苦，想要離苦得樂，想要改變自己，不想
要一直這樣苦下去。

因為這樣下去，也不是辦法。你是嗎？如果是，恭喜你，
你開始想要改變，想要離苦得樂了。

轉換心：願意改變　渴望轉換

第五階段，是帶著轉換心，身上的覺知是：願意改變，
也渴望轉換。看見自己的問題，真心願意改變自己，渴望轉
換宿命軌道，進而轉化生命的品質。

你是嗎？如果是，你的生活將有所不同，生命將有更大
的提昇。

懺悔心：千錯萬錯都是我的錯

第六階段，是帶著懺悔心，身上的覺知是：千錯萬錯都是我的錯。終於願意認錯，願意懺悔與改錯，願意承擔起自己的一切，不再把責任推給別人。

你是嗎？如果是，從現在開始，你就真正在活自己了，你可以看見原來是自己怎麼了，一切都跟別人無關。

相信心：完全相信 一切為我而設

第七階段，是帶著相信心，身上的覺悟是：完全相信，一切為我而設，我是天地間的傳光人。

因著自己的這一份相信，相信自己一定可以的；確認道路之後，就這麼一條路走到底。也可以說，這條路沒有底啊！

你是嗎？到達過第七階的境界嗎？如果到達過，你就是一位真正的傳光人，也是一位未來人。你所有的生命與心力，都用在讓地球的未來可以更好上面。生活回到一份單純關心人，關心整個地球的本願上。

親愛的伙伴，祝福你在修心性的道路上，可以一階階拾級而上，讓自己這一生的來，可以有更大的能與用。大愛光祝福你！

筆落 2012 年 5 月 10 日 11:10:39

在一起

楔子：我愛你！在一起

這個年頭，最讓人感動的一句話，不是「我愛你」，而是「在一起」。你同意嗎？要能跟人「永遠在一起」，是一種莫大的幸福，更是一份無比的願力。

看看我們的身邊，從小到大，還有玩在一起的玩伴嗎？還有走在一起的老伴嗎？還有為理想打拼在一起的伙伴嗎？

我愛你！我用全部的可以來支持你

「我愛你」這句話，並不侷限在家人與愛人之間的對話。我們對一般的朋友，甚至所有的生命，也是可以這麼說的。

我愛你，代表我用我全部的可以來支持你，我支持你成為你心目中想要成為的那個自己。

大愛光祝福你！送出祝福與成全的心念

我愛你，其實跟「大愛光祝福你」，是相同的一個心念。兩者都是一個支持、祝福與成全的心念，只是用來表達的文字不同而已。當這個世界可以充滿更多良善的心念，這個地球自然就會轉軌了。

所以，請不要吝嗇給出這份支持與祝福，告訴對方：我

愛你！也就是告訴對方：我用我的生命來支持你！也請大方送出祝福，並告訴對方：大愛光祝福你！也就是祈求大愛光慈悲這個生命，讓這個生命可以光充滿與光圓滿。

假相和諧：人在一起 心不在一起

說一句我愛你，不會太困難；但要能在一起，可不是一件容易的事。在組織裡面，好多人看起來是在一起，但實際上呢？

人是在一起，但心早就不在一起，只是在維持一個假相的和諧。不只團體裡的成員如此，我們很多的人際關係，不也是如此嗎？

無法真實經歷 在一起只是錯過

如此這般在一起的人，是無法真實經歷的，在一起的時間再久，還是一樣只是錯過啊！

因為每一個人都不願意承認，每一個人也不喜歡碰撞，不然就是有的人假借團體名義，行私人之好惡與評判，這些都是我們在組織裡要修煉的功課。

修煉要真實 帶著光說真話

大愛光老師常說：修煉要真實，就是要我們真心修心性，老實煉功體，也就是真修實煉。

如果從一個組織的運作來看，就是要每一位同修，來到和氣大愛，進到不同光塔與光團之後，要能真誠面對自己，

老實承認自己，不要怕跟人有所碰撞，要學會說真心話。

　　是要學習帶著光能量來說話，而不是說些中傷同修的背後話。每一句話都是能量，可以是帶著光的能量，也可以是帶著刀劍的能量，所以要很小心自己的每一個說，要觀照自己是帶著什麼樣的心念在說話。

用願景與使命　來引路與檢視

　　先前到某企業講授管理經濟學，最近該公司又找我回去講授策略管理，讓公司的管理階層有一些策略管理的概念，以及策略規劃與能力。

　　我答應這項工作，但建議在談策略管理與規劃前，先用一或二堂課的時間，談企業的願景與使命，還有就是企業的核心價值。

　　不先談企業願景與使命，不先談企業核心價值，後面的策略管理與規劃很容易迷失方向，甚至有可能因市場壓力而訂出跟企業本質相違背的策略。我希望帶著公司幹部，回過頭寫下公司的願景、使命與核心價值，再來談策略管理與規劃的議題。

我們要在一起做什麼？

　　問問自己：我們要在一起做什麼？我們來到和氣大愛，加入某光團，是要在一起做什麼？答案其實很清楚，但我們就是不能真實經歷，就還是在維持一個在一起做事的假相。

　　唉！有的人好像在一起，但心早不在一起了；有的人看

似不在一起，但心早在一起了。

　　你呢？你可以跟誰在一起？可以跟多少人在一起？你可不可以在組織裡真實經歷？怕不怕跟人碰撞？你是跟人真的在一起，還是假的在一起呢？

我們是打在一起的好伙伴

　　你看，跟人真的在一起是不是很難，跟人永遠在一起是不是更難？所以說，沒有同心共願的伙伴，是很難在一起的。

　　但是只要有心，有共同的愿力，明白在一起是要一起做什麼，那麼一切的碰撞與摩擦都是小事，關起門打一打就好了，叫做打在一起的好伙伴。

一個人修不到　要找人來修理

　　一個人再怎麼會修，也修不到位，因為沒有人可以修理我們。在組織裡就修得很快，因為有一堆人等著修理我們。

　　寫到這裡，突然哈哈大笑，看來我是不怕死，一直在寫分享，多少雙眼睛就這麼盯著看，在等好時機大大修理我一頓。

越不怕跟人碰撞　自我超越速度越快

　　反過來想，如果不這樣，我這塊老樹根怎麼磨來用，慢慢磨要磨多久啊！記得：你在組織裡怕不怕跟人碰撞，會決定你超越自己的速度。

　　如果來到組織，無法真實經歷，只想維持假相和諧，那

麼來的時間再久，跟人在一起的時間再長，也只是一次次錯過而已。

讓我們一起 走在大愛光裡

這是今天早上的文字，跟各位好朋友分享，不管你喜歡或不喜歡這些文字，甚至討厭我這個人，我都會跟你說：我愛你！我願意用全部的可以支持你！支持你成為你想要成為的那個自己。

如果可以，讓我們在一起走大愛光道路，在一起為這個地球做點事情，好嗎？大愛光祝福你！

筆落 2012 年 5 月 11 日 09:33:05

一窩貓

楔子：來了一窩貓

迫不及待想分享一個感動，就是今天下午五點出門到學校講課前，大兒子到樓上書房跟我說，三樓空房間外頭的陽台上，有一窩貓耶！

我下去一看，真的耶！一隻黃白色條紋的母貓，生了一窩貓，數了一下有五隻小貓。其中，兩隻純白色，兩隻黃色，一隻黑灰色。

幸福：母貓餵奶　小貓吸奶

小貓的樣子看起來，應該出生一週以上，小貓還在喝著母貓的奶水，但毛的色澤感覺亮了，應該不是剛出生的樣子。我沒去打擾牠們，只是看著母貓靜靜躺著，讓這五隻小貓吸吮牠的奶頭，這是一幅多美的畫面，幸福中有種滿足的感動。這一幕在母親節前到來，更是格外令我感動與開心。

招財貓：沖喜　沖洗

母貓領著五隻小貓，來到竹東家裡招財報喜，是沖喜，更是沖洗，洗去這連日來的陰霾，迎向一個更為光亮與潔淨的視野。晚上十點下了課，直接跑去寵物店裡買了一包貓食回來，用家裡吃飯的盤子盛了清水，另一盤裝了貓飼料，用心端著過去給母貓吃。

為母貓備食 為母親供果

當我一靠近母貓與小貓時，母貓警覺性跑開來，但並沒有跑遠，而是在一旁盯著我的動作，想必心中掛念著這五隻小貓。我很快地把飼料跟清水放好，人就趕快離開貓窩，深怕驚嚇到牠們，只是靜靜透過落地窗看著牠們。

不一會兒，母貓回來了，先是讓小貓們圍著身體吸奶，自己還是處在一個警戒的狀態，但看得出來母貓放鬆了許多，一直望著我為牠準備的食物。

我想待會母貓餵完奶，就可以飽食一頓我為牠準備的貓食，好補足體力來供應奶水給小貓長大。為這隻母貓備食的當下，猶如在為往生的母親供果，多耐人尋味啊！快十二點了，我也餓了，自己晚上還沒吃。下去找點東西來吃，再拿些舊衣服給這窩貓保暖，然後看著牠們長大而離開。

幸福 可以很簡單 可以很平凡

原來幸福可以這麼簡單，幸福可以這麼平凡。當我們把每一個生命看進來，沒有分別心的時候，我們的生命頻寬也就打開了。

感謝這一窩貓帶給我的感動，開心地用文字跟你分享，願你有一個幸福與感動的夜晚！也祝福全天下的母親，母親節快樂！大愛光祝福你！

筆落 2012 年 5 月 11 日 23:53:01

天地大美

楔子：看民宿 郊遊去

昨天上午週六班會結束後，回家看看大兒子跟那一窩貓，再回到新竹慈場跟幾位師兄姊們一起到新埔看民宿，是有關康復中心相關事宜，沿途像是一群孩子開心郊遊的感覺。

這件事情被邀請參與規劃，不知道自己的能力可以做到什麼程度。反正，做就是了，何必多想呢？船到橋頭自然直。

對飲成三人 清晨除草去

下午明白一切都有歸處與安排，就一個人開著車回到卓蘭家裡。往年的母親節，總是會有一份愁悵，今年有思念，但沒有愁悵；即便一個人面對自己時，會有想要過節團聚的感覺，但好像這份感覺慢慢淡了。

昨晚簡單吃個麵，為自己開了瓶紅酒，來到屋前的池邊坐下，靜靜望著池面的燈火，還有水中的月娘，就這麼對飲成三人。靜靜喝了幾杯之後，就早早去睡了，想讓身體好好休息一下。

清晨醒來，整個人身體不太通暢，在家裡煉了一下和氣，結束後換上工作服，到雜草叢生的農地上清理，一直做到陽光灑下，汗流浹背才停下手邊的工作。

回到屋內為自己煮了一壺咖啡，我喜歡喝純的，不加任

何糖與奶。然後打開電腦，用手指敲打此刻的文字，在落下文字的當下，心裡有些感受浮了上來，有股深深的感動在內心發酵著。

學著 一個人自在生活

首先，我好像可以一個人學著自在生活。以前一個人的時候，總是會感到孤單，總想要有人陪著我。現在有人陪伴時，我會用感謝的心去接受；沒有人陪伴時，我會用成全的心去享受。

這一生來的時候是一個人，走的時候還是一個人，如何一個人好好生活，是一門人生必修的功課。

學著 放下牽纏心生活

其次，我好像慢慢能放下牽纏心來生活。我常掛在嘴邊的一句話，就是：你好就好！怎樣都好！常常有人問我可不可以的時候，我就是回說：好！可以啊！你好就好！

慢慢學會去尊重每個人的選擇與生活，需要我的時候，我會很樂意加入，提供我能為對方做的一切；不需要我的時候，我會回到我的世界，用我自己想要的方式來生活。

學著 沒有努力的努力

最後，生命來到一種不強求一定要怎樣才行，不設定一定要如何才行，重新回到一種沒有努力的努力的狀態。這沒有努力的努力，就我自己的體悟，就是立如松時的內提外

鬆，就是煉和氣時的定軸交托，也就是行儀時的先用力再放鬆，更是生命中盡全力後的隨順因緣。

生命可以全然地投入，但完全沒有設定一定要有什麼結果。因為這整個投入與努力的過程，就是最終得到的結果。

是啊！過程就是結果，生命就是體驗，要能放下一切的抓取，全然投入每一個當下，讓自己每分秒都在。

春風微微吹　搖醒夢中人

停下手指，望著落地窗外的池面與柳樹，柳樹上有白頭翁在唱歌，池邊有翠鳥在捕食，水中有錦鯉在悠游，陽光遍灑菱園的一草一木，是感動，更是感恩。

生命的感動，就在每分秒的發生，一顆草上露，一片樹上葉，春風微微吹，搖醒夢中人。

感恩天地大美　感謝母親慈恩

感恩天地的大美，感恩人間的真美，感謝母親的慈恩。天地有情，人間有愛，一草一木皆可為師。

在這母親節的早上，祝福全天下的母親，有一個美好且感動的團聚時光！大愛光祝福你！

筆落 2012 年 5 月 13 日 09:58:29

跟過去相認

楔子：寫個案 還債去

一整天下來，直到現在才有空寫點分享。今天早上及晚上各有兩堂課，中間的時段就一個人關在研究室寫個案，欠的債還是要還啊！拖了好幾天，也到該還的時候了。

走過 必能護持

早上在卓蘭住家晨煉時，一直有句話繞在心裡：走過，必能護持。這是大愛光老師的指引，要同修好好真修實煉，如此走過這條修煉路之後，就能回過頭在週四班會裡護持新同修。

這是鼓勵同修的話，只是聽在我的耳裡，有更深一層的感受。

拆包 兼程趕路

去年十一月在桃園慈場參大愛光入門班，徹徹底底將自己拆了一次包之後，一路上就這麼搖搖晃晃經歷過不少的關卡，過程中有哭、有笑，有挫敗、有歡愉。

一路上可以說是兼程趕路，快馬加鞭地催進度，同時也清楚看見這十多年的生命流程，如何在為我這個生命添加配備，內心有無限的感恩在其中。

因為走過 所以更能貼近

是啊！就因為走過許多生命流程，曾經把自己給放棄掉，曾經把自己浸泡酒精裡，曾經忘記如何哭與笑，曾經沒有感覺地活著。或許就因為走過這一切，所以更能貼近不同的生命，同體這些生命的悲苦。

文字動人 就因為離悲苦夠近

文字之所以能夠感動人，就因為曾經離悲苦如此的近，近到沒有人我的分別，近到跟天地融為一體。

目前留在這個部落格上面的文字，從去年十一月以後的文章，才是我真正進到和氣大愛，與師相認後所分享的文字。在這之前落下的文字，則是在我在進和氣大愛之前的生活隨筆。

兩者在風格與筆觸上，還是有所不同，所以當你在回溯我的過去文章時，就會發現不同階段的我，在文字的使用上有不同的味道。

不同階段的我 都是真實的我

無論那一個階段的我，是心智不成熟的我，是浸泡酒精裡的我，還是愛恨交織的我。每一個階段的我，都是我生命的不同面向，我完全接受，更愛那個階段的自己。這不同的階段的我，都是真實的我，沒有必要否認與迴避。

跟自己和解 對自己滿意　　297

過去 銜接來到現在的慈悲

因為沒有這些過去，現在的我也不會有如此的體悟；沒有走過這些流程，更無法貼近生命悲苦，更別談護持生命成長。文字來到這裡，心中有股深深的感動。真的！過去一點都沒有白費，都是銜接來到現在的慈悲。

別怕寫分享 別不敢跟過去相認

很多人怕寫分享，因為怕看到過去的自己時，會不敢跟自己相認。因為會對當時留下的文字感到懊惱，會不認得自己過去寫下的文字，更不敢承認那就是過去的自己。

其實這都是多想的，文字就是文字，就只是當下情感的流露。只要文字夠真誠，即便沒有華麗的文法，沒有高超的鋪陳，一樣能扣人心弦。

一路寫真 寫到成真人！

別怕！用力大膽的寫，一路寫真，寫到山清水明，寫到明心見性，寫到成真人。

這是我的信念，所以即便回過頭，看過去留下的文字覺得很好笑，我都會接受當時的我，有什麼不敢相認的，就大大方方給過去的自己，一個超級大的擁抱。

親愛的伙伴，夜深了，祝福你有一個甜美的夢！大愛光祝福你！

筆落 2012 年 5 月 15 日 00:35:02

跟自己和解

楔子：看懂 悟通了嗎？

你知道嗎？光是要了悟：來到生命中的每一個人，都是用生命在護持我。光是了悟這句話，就要跑多少生命流程才能看懂與悟通。

當我還是看不懂，還是悟不通的時候，就是一個還帶著怨過日子的生命。

成全我上道 護持我上路

看懂了，悟通了，明白來到生命的一切都是為我而設時，對生命中遇到的每一個生命，就只是感謝，全部只有感謝。因為這些生命用各式各樣的方式，在成全我上道，在護持我上路。

一路走來，一直用部落格在跟許多生命交流，也因為學生、好友、同修，以及更多不認識的生命，他們的不解、憤怒、批判與指控，讓我陸續關了好幾次部落格。

直到前年的二月開始，我不再為這些聲音而放下筆，不再迴避這些生命的不同需求，轉而用一次次的寫，不停地寫下文字，進而分享生命的感動，傳送光和愛，來回應這些生命的需要。

大愛光指引 用文字傳送光和愛

我不再問：為什麼他們要這樣？不再困擾：該聽什麼樣的聲音？我只祈求大愛光慈悲指引，讓我可以用文字傳送光和愛，來到每一個尋光生命的身邊，讓這些生命有機會接觸大愛光。

有人看不懂文字內容，或是覺得法義艱深，或是覺得文字太白話，所有的聲音，我都容受進來，就是一直修正，修到文字可以輕易敲進每一個生命裡，可以自然融進生活中。對我而言，這些不同的聲音，何嘗不是一份催促的力量呢？

憤怒：對自己的不滿

其實所有的不解與憤怒，所有的批判與指控，都是對自己的不滿。讀者對文字的反應，其實是對自己的投射。看文字而心生憤怒，是代表對他們自己不滿；他們其實是在表達對自己有多不滿意，要會看懂這一層意義。

抱怨：沒有接納自己

相同的道理，如果我對讀者的反應，起了抱怨與委屈的感覺，那正說明我還沒有完全接納自己，我並沒有跟自己和解，我還在為難自己，還在跟自己過不去。

零步椿：不否定自己 怨光中自化

記得：所有的憤怒，都是對自己的不滿；所有的抱怨，都是還沒有接納自己。

看懂了，就會明白這些負面的聲音，是多麼珍貴的一份護持恩。如此，原本內在的一切怨，自然能在光中化去，不再與生命為敵，相對可以跟更多的生命和解。

　　立如松，就是中軸樁，也叫零步樁。這個「零」，也就是「靈」，是靈性層的一份渴求。這個「步」，同音於「不」，也就是不否定自己，完全接納自己，跟自己和解。如此身上還帶著的一切怨，自然能在光中自化。

跟自己和解　對自己滿意

　　問問自己：我跟自己和解了嗎？還帶著什麼樣的心念過日子呢？我能看懂且悟通，一切有緣相遇的生命都是護持嗎？我還會抱怨？還會憤怒嗎？我對自己滿意嗎？

　　親愛的伙伴，願你能跟自己和解，能對自己滿意，可以有美好且感動的一天！大愛光祝福你！

筆落 2012 年 5 月 15 日 07:50:43

跟功課説 yes

楔子：無題

今天學校沒課，人還是回到學校研究室待著。開所務會議、改研究生論文、協調排課事宜，轉眼都下午五點了。

一整天就這麼過了，連午飯都沒有吃，人也不覺得餓，待會在回家的路上，再買個東西吃，當成今天的晚飯。

腳底踏 淚水落 大地全回收

昨晚回新竹慈場進週二學員班會，學著體悟踏步時身心靈的感受，透過不斷踏步來打開身上的覺知。

我明白自己的狀態不是很好，踏步過程中把這些所謂的功課，都放到腳底心去踏，用著比平常大些的力氣來踏，腳底踏著踏著，淚水也悄悄由眼眶邊滑落。

心想：就讓整個大地回收這些負面的能量吧！

功課：又來了！算了！

你有想過：什麼是功課？功課又是來做什麼的？當生活裡有些人事境發生時，在我們身上生起的心念，如果是：又來了！或者是：算了！每一次都一樣！那麼這些發生，就是我們還要修的功課。

功課是老天對自己的慈悲，功課是來讓我們有機會完成自己的。當我們的功課沒寫完時，老天就會重覆給出相同的

功課，直到我們寫完為止，直到我們學會為止。

功課寫完，自己也就完成了，發生就不用再重覆發生了。原來，發生之所以重覆發生，是一種護持的慈悲，也是一種等待的成全。

靜靜看著 想辦法弄好自己

昨晚課程結束後，傳導師特別打了電話關心我的狀況，因為發現我昨晚的心情，比平常來得低落且沉重。

當下在電話那頭的我，正好人在超商買好咖啡，就靜靜坐在店家的落地窗前，望著馬路上來往的車輛與行人。我喜歡這樣靜靜地看著一切，將自己定格在當下的那一個分秒裡。

我的回話不多，也不是很想說話，最後回了傳導師一則簡訊：我會弄好自己！別擔心，要對政學有信心喔！我愛你，還有所有關心我的家人、好友。

是啊！就是想辦法弄好自己！因為這一切都是功課，而且是我自己的功課，別人沒辦法代勞，只能自己好好寫功課。

欠債還債 開始活未來

現在發生的一切，就是過去還沒完成的，不是嗎？我們可以在現在的生活裡，看到自己多少的過去呢？

當我們還在寫著人生功課時，就是在清償過去生所留下的債務。欠債還債，才有機會來到現在，開始活未來，做個真正的再來人。

跟自己和解 對自己滿意 **303**

天慢慢暗了，該回家休息了，明天台北還有一整天的活動行程要圓滿。親愛的伙伴，祝福你有一個美好的晚上！大愛光祝福你！

筆落 2012 年 5 月 16 日 17:40:59

找出版通路

楔子：找出版社

昨天在台北忙了一整天，回到家打開電腦收信時，收到朋友寄來的出版社回覆訊息。由於我送出去的那一本文集，其學術專業度跟該家出版社的設定有落差，所以目前無法出版我去年寫好的短文分享集。

我回覆朋友說：沒關係！非常感謝你的協助，我們再試試別家出版社。這陣子把去年寫的部落格文章，選了一百篇跟和氣大愛修煉有關的短文，想集結成紙本書來出版。

微微的你 清醒了我

書名就訂為「微微的你，清醒了我」，就是過去部落格的文章，部分有刊登在電子報與學員班訊息（後來第一本文集於 2011 年 8 月出版，書名：就是為了跟你相遇）。第二本也寫了 99 篇短文了，可以預備出版第二本文集，目前就欠東風，然後一切可成。

我不想沿用過去和氣大愛出版的模式，就是花個幾萬元，或找幾位師兄姊護持助印，印個一、二千本，然後分送給和氣大愛同修。我不想走這個模式，而是想跟有願心的出版社來共同合作。

找通路：法流通 資源進

我可以寫，有文字作品，對方有通路，如果市場對的話，又可以帶來利潤。加上可以將大愛光之法，實際用到生活裡的發現與領悟，用淺顯的文字介紹給更多的尋光客，可謂三贏，甚或是多贏的局面。

目前還在尋找現成出版社與其通路的階段，我希望用自己這本書來投石問路，因為這本書的寫作方式，比較能夠接近一般的大眾讀者，不會讀起來太過艱深，但又有法的應用在裡面。

我的動機是想將大愛光老師的這些法，以及和氣大愛過往或將來的出版品，推到一般大眾書的市場上，讓更多的人可以輕易就在書店裡面找到，或是到網路書店上面去買，這是我做這件事的動機。

祈求 大愛光慈悲指引

早上晨煉時，我靜靜地閉起眼睛，心裡祈求大愛光慈悲指引，讓弟子可以找到這樣的出版平台，將和氣大愛出版品流通出去，也將更多的資源帶進來，讓人世間這麼美好的文字與法音，可以與更多的生命有所接觸，將大愛光帶到這些尋光客的身邊。

在商業主導的市場上，這件事情不太容易做到。因為在商言商，如果出版社嗅不到商機，就不會想要合作，但我會一直去試，直到這件事有個結果為止。

鋪蓋法慈場 席捲老靈魂

　　我不只想用紙本來跟大眾讀者見面，也想嘗試用數位的模式，如電子書閱讀方式，來跟更多不同的生命結緣。祈求大愛光指引，讓政學可以早上尋得這樣的出版平台，用這個平台來鋪蓋一心向內法慈場，並且席捲尋光問路老靈魂。

　　如果各位有好的出版平台，也請讓我知道，我們一起來做這一件事情。相信有越多的人，因為這些流通出去的文字而接觸大愛光時，這個地球轉軌的機會就越大，這是一份願力，相信不久的將來，就能夠如願以償。

　　早上到桃園職訓中心進行標案的評選，因為掛名計畫主持人，需要出席以備審查委員的詢問。還好我的團隊伙伴能力超強，也累積很多的實務經驗，減輕我好多的工作量。有三家研究機構競標，下午就會有結果，相信可以過關得標。

　　結束後回到學校研究室，寫著此刻的分享，人還是感到有點累；下午靜靜在研究室想點事情，晚上還有四堂課要講授。

　　想把大愛光老師的法，流通到大眾書市場的這份心願，希望可以有個圓滿的到來。祝福你有一個美好的午后時光！大愛光祝福你！

筆落 2012 年 5 月 18 日 14:39:44

走進關係裡

楔子：點滴成巨大

蔓園的早上，偶爾飄點細雨，是個清爽怡人的天氣。人在屋外四處找著位置，種下一棵棵落羽松苗，一個個立在蔓園陪伴我的生命，我愛這些沉默的小生命。

你知道嗎？今天這一篇文字，是我進和氣大愛一年來寫下的第200篇分享。這一點一滴累積的力量好巨大，不是嗎？所有的偉大，都是由平凡累積而來的。

卓越 其實是一種習慣

這讓我想到昨晚課堂上，我跟學生分享的一句話：卓越其實是一種習慣！我說一個人之所以卓越，並不是因為他做了什麼很偉大的事，而是在他身上有一個為人處事的習慣，是這個習慣讓這個人變得卓越。你同意嗎？

在和氣大愛的修煉上，何嘗不是這樣呢？你有一個好的修煉習慣嗎？如果有，你就有機會變得卓越。在工作職場上，也是一樣的看見，如果你有一個好的工作習慣，你就有機會變得卓越。

我總是習慣在課堂上，回應學生當下的需要，而做不同主題的分享。這個發生沒有預先寫好的參考腳本，而我很喜歡這樣的學習氛圍，因為每分秒都可能是驚喜與感動。

生活＝所有關係的集合

結束晚上四堂課回到研究室，同事跟我問了些關係變化的問題。我只簡單回應一些想法，我說：要走進關係裡，才能真正走進生活。因為生活就是我們身上所有關係的集合，關係沒弄好，生活就會過不去，生命品質一定也差。

　　我們之所以走進一段關係，剛開始時好像是因為想要得到某些東西，所以才走進這一段關係。但是最終我們會發現，如果只想在關係裡拿取，那麼一定走不了太久，因為總會有拿完而離開，或是拿不到而離開的一天。

不在關係裡拿 是在關係裡給

　　關係其實是來讓我們可以付出的，我們是來這段關係裡給東西的，就像玩拼圖遊戲一樣，是來給出你自己那一塊圖的，不是來拿別人身上的那些圖，否則自己的這幅人生大圖，永遠不會完成。

　　一切的得到，就在給出後自然回收，這是我們走進關係裡的學習與成長。記得：不是在關係裡拿取，而是在關係裡付出。

　　那麼，我們為什麼會離開一段關係呢？我們之所以離開一段關係，並不完全因為拿不到東西而離開，很多時候是因為給不出東西而離開。

　　因為在這段關係裡，已經沒有什麼需要我們去付出的，我們突然不知道在這段關係裡還能做些什麼，因此自然會想離開這一段關係。

　　當然有很多人，是因為拿不到而離開，但我自己的感受

是，因為沒能再給出什麼，而想要離開這一段關係。

沒能再給出什麼，好像宣告在這段關係裡的學習，暫時告一段落了。在這種情況下的離開並沒有失望，反而有種淡淡的感謝與祝福。

我是來拿的 還是來給的

好多生命來到和氣大愛，我自己也是；在我們走進這個組織，跟好多同修在互動裡學習時，這也是一段關係的開始。

問問自己：我走進這段關係是來拿取什麼？還是來付出什麼？我看得見自己在拿嗎？我感受得到自己在得嗎？

如果有一天，你選擇離開和氣大愛，你的理由會是什麼？會是因為你拿不到想要的東西？還是因為你給不出想給的東西？

還是你不會有離開或不離開的問題？因為這條道路早就存在你的裡面，沒有離不離開的問題，只有你要如何行走，如何調整的問題。

在生活裡修行 把一切弄好來

親愛的伙伴，所有的修行都在生活裡，而走進生活的前提，就是走進一段段不同的關係裡學習，如此才能真正體悟什麼是生活。

修行就是把生活裡的一切給弄好，學了那麼多，煉了那麼久，就是在裝備自己弄好生活裡一切問題的能力。大愛光祝福你！

筆落 2012 年 5 月 19 日 14:15:30

心情札記

期待相遇。三部曲

大愛光祝福你

國家圖書館出版品預行編目資料

讓自己一直都在：我的大愛光靈性開啟
道路二部曲／楊政學 著 -- 初版. --
新北市：集夢坊，2013.08
　　　面；　　　公分
ISBN 978-986-89073-4-8（平裝）
1. 心靈成長　2. 勵志文集

192.1　　　　　　　　　　　102010558

～理想的推手～

理想需要推廣，才能讓更多人共享。采舍國際有限
公司，為您的書籍鋪設最佳網絡，橫跨兩岸同步發
行華文書刊，志在普及知識，散布您的理念，讓
「好書」都成為「暢銷書」與「長銷書」。
歡迎有理想的出版社加入我們的行列！

采舍國際有限公司行銷總代理
angel@mail.book4u.com.tw

全國最專業圖書總經銷
台灣射向全球華文市場之箭

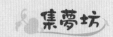

讓自己一直都在

我的大愛光靈性開啟道路 二部曲

出版者●集夢坊

作者●楊政學

印行者●華文聯合出版平台

出版總監●歐綾纖

副總編輯●陳雅貞

責任編輯●黃曉鈴

美術設計●彭茹卿

台灣出版中心●新北市中和區中山路2段366巷10號10樓

電話●(02)2248-7896　　　　　傳真●(02)2248-7758

ISBN●978-986-89073-4-8

出版日期●2013年8月初版

郵撥帳號●50017206采舍國際有限公司（郵撥購買，請另付一成郵資）

全球華文國際市場總代理●采舍國際 www.silkbook.com

地址●新北市中和區中山路2段366巷10號3樓

電話●(02)8245-8786　　　　　傳真●(02)8245-8718

全系列書系永久陳列展示中心

新絲路書店●新北市中和區中山路2段366巷10號10樓　　　電話●(02)8245-9896

新絲路網路書店●www.silkbook.com

華文網網路書店●www.book4u.com.tw

跨視界・雲閱讀 新絲路電子書城 全文免費下載　silkbook○com

本書係透過全球華文聯合出版平台（www.book4u.com.tw）印行，並委由采舍國際有限公司（www.silkbook.com）總經銷。採減碳印製流程並使用優質中性紙（Acid & Alkali Free）與環保油墨印刷，通過碳足跡認證。

歡迎上作者部落格（blog.yam.com/chyang0929）參觀。

本書出版淨所得之75%捐贈和氣大愛作為公益使用。